없어서 창의적이다

진짜는

빈손들이

만들었다

설계도를 버려서 더 강해진 무일푼의 창조자들

없어서 창의적이다

권업 지음

쌤앤파커스

목차

'빈손'으로 세상을 뒤엎는 사람들

최근 IoT(Internet of Things), IoE(Internet of Everything), 센서와 클라우드를 바탕으로 구축된 빅데이터를 이용한 인공지능 기술이 제조뿐 아니라 의료, 법률, 금융 서비스 등 다양한 분야에서 방대하게 활용되고 있다. 이제 어느 분야에서도 이러한 기술을 사용하지 않는 것이 이상할 정도다. 그 덕분에 생활은 점점 더 편리해지고 있지만, 그 못지않게 사람들의 일자리에 관한 위기의식도 커졌다. 자동화할 수 있거나 단순 반복하는 업무들은 이러한 기술들로 대체되고 있기 때문이다.

요즈음 주변에서 쉽게 볼 수 있는 풍경을 한번 떠올려보자. 식당이나 패스트푸드점, 카페 등을 가면 이제 직원에게 말하지 않고 혼자 애플리케이션으로 주문하고 결제까지 할 수 있다. 공장 생산 라인은 사람을 대신해 로봇이 대부분의 일을 처리하고 있다. 앞으로 이러한 풍경은 우리 생활에 더 넓고 깊숙이 퍼지며 또한 당연해질 것이다.

몇 년 전 국제노동기구(ILO)는 단순화 업무를 처리하는 로봇의 확산으로 향후 20년간 아시아 근로자 1억 3,700만 명이 일자리를 잃을 수 있다고 경고했다. 태국, 캄보디아, 인도네시아, 필리핀, 베트남 등 5개국 근로자의 56%에 이르는 규모다. 선진국이라고 예외일까. 독일 태생의 스위스 경제학자이자 다보스포럼의 회장 클라우스 슈밥은 로봇과 인공지능의 발전으로 2020년까지 510만 개의 일자리가 사라질 것이라 예측하며 급격한 변화를 예고했다. 그렇다면 이런 흐름 속에서 살아남기 위해 우리에게 지금 당장 필요한 역량은 무엇일까.

컴퓨터에 저장된 수많은 데이터베이스들은 이제 버튼 하나만 누르면 간단하게 검색할 수 있다. 우리는 더 이상 방대한 정보를 모두 기억하려고 노력할 필요가 없다. 오히려 기억하고 정리하는 일은 컴퓨터의 몫이다.

지금 우리에게 필요한 역량은 기억이나 단순 정리가 아니라, 그 방대한 정보 안에서 유용한 정보들을 선별해내는 통찰력과 이를 재조합하는 창의력이다.[1] 불필요한 정보는 과감히 버리고 필요한 것만을 편집하여 새로운 메시지를 추출해내는 능력이 무엇보다 중요해졌다는 말이다.

일본의 언어학자 도야마 시게히코는 그의 저서 《생각의 틀을 바꿔라》에서 인간이 컴퓨터를 뛰어넘으려면 우리의 두뇌를 남이 만든 지식을 저장하기만 하는 '창고형 두뇌'에서 스스로 지식을 생산해내는 '창조형 두뇌'로 전환해야 한다고 말한다. 특히 '창조형 두뇌'를 갖추려면 필요 없는 정보를 버릴 줄 알아야 한다고 거듭 강조한다.

지금까지 누적된 방대한 지식들은 이제 그 자체로 큰 영향력을 행사하기보다 오늘날 새로운 지식을 만드는 데 필요한 도구로서 더 가치가 있다. 우리는 축적해둔 지식을 최대한 활용하여 현재에 필요한 무언가를 만들어내는 작업을 해내야만 한다. 이를 능수능란하게 해낼 때 우리는 더 가치 있고 경쟁력이 높다고 평가받을 것이다.

'창의성' 또는 '창조'라는 말이 이제는 일상어가 된 듯하다. 유치원은 물론이고 대학교까지 모든 교육기관에서 창의성을 강조한다. 기업에서 인재를 뽑을 때도 마찬가지다. 물론 세계적인 흐름에 발맞추기 위해서이기도 하지만 오랜 기간 선진국들이 이루어 놓은 지식을 학습하고 모방하는 데 급급하던 우리가 이제는 이를 뛰어넘어 한 분야의 '시장 선점자(First mover)'가 되어 세계를 이끌겠다는 사회적 분위기도 영향을 미치는 듯하다.

그런데 문제는 그렇게 강조하는 '창의성'이나 '창조'라는 개념을 도통 잘못 이해하고 있다는 것이다. '창조'라는 말이 전에 없던 새로운 것을 처음 만들어낸다는 의미이긴 하지만, 그 '새로운 것'에 대한 기대치가 너무나 높다. 그러다 보니 지레 겁을 먹는다. "하늘 아래 새로운 것은 없다." "완전한 창조는 없다."라는 말도 있는데, 왜 우리는 '창의성'이나 '창조'라고만 하면 거창하고 대단한 무언가를 만들어내야 한다고 강박에 시달리는 걸까?

삼성경제연구소에서 발표한 연구[2]에 따르면, 창조 활동과 관련된 오해는 다음 4가지로 요약된다. 첫째, 창조는 천재만이 할 수 있다. 둘째, 창조는 자율적인 환경에서 더욱 활성화된다. 셋째, 창조는 어느 한순간 섬광이 번쩍이는 것처럼 하게 된다. 넷째, 창조가 성공으로 이어지는 데는 아이디어가 핵심적인 역할을 한다.

이는 모두 '창조'에 관한 잘못된 고정관념이다. 창조는 결코 천재들의 전유물이 아니다. 똑똑하고 가진 것이 많은 사람일수록 창의성이 뛰어난 것이 아니다. 알아서 저절로 생기는 것도 아니며 창조적 아이디어가 섬광처럼 번뜩일 것이란 것도 대단한 착각이다.

창의성은 사람의 타고난 성격이나 능력이 아니라 그 사람이 행한 '과정'에서 생겨난다. 머릿속 어딘가에 보물처럼 '존재'하는 것이 아니라 머릿속으로 그린, 달성하고자 하는 목표를 위해 어떤 행동을 반복했을 때 결과로 '실현'되는 것이다. 특히 행동이 구체적일수록 더 두드러진다.

자, 좀 더 이야기를 해보겠다. 우리는 뭔가를 창조해내려면 거창한 목적이 있거나 많은 자원을 가지고 있어야만 유리하다고 생각한다. 물론 어떤 일을 할 때 '목적'은 중요하다. 하지만 돈을 벌거나 좋은 평가를 받기 위해서, 누군가의 지시를 받아서 하는 '외부적인 동기'가 목적이라면 어떠할까? 호기심, 자기만족, 몰입의 즐거움 등 '내면의 동기'가 목적일 때보다 큰 힘을 발휘할 수 있을까?

우리는 외부 요인 때문에 무언가를 해야 할 때 그것을 '일 (work)'이라고 느낀다. 하지만 자신이 하고 싶어서 무언가를 할 때는 그 일 자체를 '놀이(play)'라고 느낀다. 창조 활동에 필요한 물질적인 조건이 충분히 갖춰지면 더할 나위 없이 좋겠지만, 아주 열악한 상황에 있다 하더라도 충분히 훌륭한 결과물을 만들어내는 경우가 있다. 이는 대부분 내적 동기가 크게 작용했을 때이다. 이때는 부족한 자원의 한계를 뛰어넘기 위해 오히려 더 높은 창의성이 발휘된다.

또 한 가지, '창조'는 섬광처럼 번뜩이거나 갑자기 툭 튀어나오는 것일까? 아니면 자원이 한정되어 있어도 목적이 구체적이라면 만들어낼 수 있는 것일까?

어떤 아이에게 창의적이고 예쁜 그림을 마음대로 그려보라고 해보자. 그 아이에게 그림을 그리는 데 필요한 모든 자원을 아낌없이 지원해준다. 다양한 색상과 크기의 종이, 수십 가지의 수채 물감, 유화 물감, 크레파스, 파스텔 등 온갖 미술 재료를 모두 주는 것이다.

반면 또 다른 아이에게는 흰색 A4용지 1장과 단 3가지 색깔의 색연필만 주고 자신의 엄마를 그려보라고 한다면 아이는 엄마의 어떤 모습을 그릴까?

우리는 두 아이가 어떤 그림을 그리든, 전자의 아이가 더 좋은 그림을 그리는 데 유리하다고 생각할 것이다. 환경이 좋기 때문이다. 하지만 어쩌면 전자의 아이는 선택지가 너무 많아 무엇을 어떻게 그려야 할지 막막해할지 모른다. 특히 '예쁘다'는 기준이 모호하기 때문에 더 어렵다고 생각할 수 있다. 압박감에 손도 못 대고 한참을 망설이다 울어버릴지도 모른다. 이는 바이올린 연주자를 무대에 세워 놓고 아무거나 새로운 곡을 연주해보라는 것보다 더 어려운 일이다.

하지만 후자의 경우, 아이가 늘 보아온 엄마를 떠올리는 일은 어렵지 않을 것이다. 잘 그려야 한다는 부담감보다는 서툴더라도 자신이 느끼고 생각하는 엄마의 모습에 깊이 몰입할 가능성이 높다. 그럴 경우 상당히 괜찮은 그림이 나올 가능성 또한 높지 않겠는가?[3] 더군다나 자신에게 주어진 재료는 3가지 색깔의 색연필과 A4용지뿐이니, 재료를 선택하기 위해 고민할 필요도 없다. 자, 이럴 경우 두 아이 중 과연 더 많은 재료를 가진 아이가 더 좋은 그림을 그린다고 단언할 수 있겠는가?

결국 우리가 거창하게 생각하는 '창조'나 '창의성'이란 사실 대단한 것이 아니라 구체적인 것, 번뜩이는 것이 아니라 골몰하여 어떤 행동을 하고 난 다음의 결과물일 가능성이 높다. 또한 많이 가지고 있지 않더라도 의지와 목적의식에 따라 있는 재료만으로 충분히 발휘할 수 있는 것일지도 모른다. 지금 우리에게 요구되는 '창의성'이란 이렇듯 있는 것만 가지고 뭔가를 뚝딱뚝딱 만들어내는 이른바 '빈손의 창조자'들이 가진 '창의성'에 가깝다.

냉장고에 있는 재료만으로 뚝딱 만드는 요리

이 책은 바로 이러한 '빈손의 창조자'들에 주목한다. 뛰어난 천재들의 번뜩이는 무언가가 아니라 가진 것이 없어도 근성과 그들만이 가진 기질, 사고방식, 행동으로 만들어낸 '창의적 결과물'에 집중할 것이다.

그들은 분명한 목표와 목적을 가지고 움직이지만, 그것을 이루기 위해 사전 설계를 하고 필요한 자원이나 여러 재료를 구하는 방식에 크게 집착하지 않는다. 오히려 변변치 않은 재료만 가지고도 더 창의적인 성과를 만들어낸다.

어떻게 이런 일이 가능할까? 그들은 당장 이용할 수 있는 재료들만 가지고 작업하기 때문에 자신이 하는 작업의 마지막 결과에 대한 그림을 단 하나로 규정하지 않는다. 재료의 쓰임에 대해서도 다각도로 접근한다. 쓸 수 있는 재료에 따라 결과물이 수시로 변할 수 있음을 늘 염두에 둔다. 그렇게 재료들을 여러 모습으로 조합하기를 반복하면서 처음 생각해둔 목적에 가깝게 다듬는다.

그들은 목적은 확실하지만 그 목적을 이루는 길이 하나

만 있다고 생각하지 않고 다양한 길을 통해 갈 수 있다고 믿는다. 그래서 얼마든지 있는 것만으로도 새로운 결과를 만들어낸다. '창조적 결과물'에 어떤 제한도 두지 않고 무엇이든 창조물이 될 수 있음을 증명해낸다.

우리가 무엇보다 '빈손의 창조자'들에게 주목하는 까닭은 그들이 가진 역량 때문이다. 목적에 따라 기존의 쓰임을 전혀 다르게 생각할 줄 아는 안목과 통찰력, 포기하지 않는 근성, 그 과정에서 빛나는 창의성이야말로 어떠한 순간에서든 강력한 힘을 발휘한다.

결과물을 만들어낼 때 어떤 틀이나 규칙에 얽매이지 않는 '빈손의 창조자'들의 기질, 목적에 부합하도록 기존의 재료들이 가진 쓰임을 전혀 다르게 바라보는 안목, 통찰력과 창의성, 이것은 지금 당장 우리에게 필요한 '역량'이기도 하다.

자, 아직 '빈손의 창조자'가 뭘 하는 사람인지 선명히 그려지지 않는다면 요리경연 방송 프로그램인 '냉장고를 부탁해'를 떠올려보자. 그들이 어떻게 요리를 하는가? 15분이라는 주어진 시간 동안, 오직 냉장고에 있는 재료만으로, 냉장고 주인이 원하는 요리를 만들어낸다. 그 냉장고 주인은 '김치찌개'나 '스테이크'처럼 원하는 요리를 구체적인 형태로 정하지 않는다. 단지 커다란 테마를 정하고 어떤 재료를 썼으면 좋겠다는 힌트 정도만 줄 뿐이다. 그 목적에 부합하는 요리를 어떤 형태로 만들지는 오직 '요리사'에게 달렸다.

주인이 원하는 단 하나의 창의적인 음식의 형태와 이름을 결정하는 것. 제한된 시간 안에 있는 재료로 최선의 음식을 만들어내는 것. 이런 방식으로 요리하는 셰프처럼 여러 산업군에서 혁신적인 변화를 일으키는 사람들이 바로 '빈손의 창조자'들이다.

혹시 3M의 '포스트잇'이 어떻게 세상에 나왔는지 알고 있는가? 3M의 종이제품 부서 연구원이었던 아서 프라이는 1974년 어느 추운 일요일 아침, 교회에서 예배를 보고 있었다. 그러다가 몇 주 전 회사에서 열린 테크포럼에서 스펜서 실버라는 연구원의 발표 내용을 떠올렸다. 그가 접착제를 개발하던 중 종이 2장을 간신히 붙일 수 있는, '접착력이 약한 풀'을 우연히 만들어냈는데, 포럼 참석자들에게 이 풀을 활용할 수 있는 아이디어 제안을 부탁했던 것이다.

아서 프라이는 실버의 '접착력이 약한 풀'에 대해 생각하다가 불현듯 어린 시절, 성가대원으로 활동했던 자신을 떠올렸다. 한번은 찬송가를 연습하다가 곡의 이름을 기억하려고 쪽지를 꽂아두었는데, 그만 쪽지가 떨어져 표시해둔 페이지를 찾느라 부산을 떨었던 적이 있었다. 그때의 기억을 바탕으로 그는 어떤 표식을 위해 종이에 붙일 수는 있지만 떼어낼 때 종이가 찢어지지 않는 책갈피가 있으면 좋겠다고 생각했다. 그것이 '포스트잇'의 시작이었다.

이렇듯 기존의 접착제에 대한 통념을 깨고 그 쓰임을 다양하게 생각하니 접착력이 형편없던 풀은 '포스트잇'을 만드는 훌륭한 재료가 되었다. 목적에 맞게 있는 재료를 변통하고 도구의 쓰임에 대한 생각을 전환하는 사람, 이런 방식으로 결과물을 만들어내는 사람이 혁신을 만들어내는 법이다.

'빈손의 창조자'만이 혁신을 파괴한다

세계적인 경영 컨설팅 회사인 액센츄어(Accenture) PLC의 래리 다운즈(Larry Downes)와 폴 누네스(Paul Nunes)는 최근 몇 년간 세계 산업의 변화 양상을 면밀히 분석한 결과, 현재 산업과 업종을 넘어서서 혁신의 과정 자체가 근본적으로 깨지고 있다고 지적한다.

그들은 공저로 쓴 《어떻게 그들은 한순간에 시장을 장악하는가》에서 제품들이 질은 더 좋아지면서 가격은 더 저렴해지고 심지어 모든 사용자에게 맞춤형으로 제공되고 있다고 말한다. 무엇보다 제품 개발 속도가 과거 어느 때보다 빠르고 개발 비용도 상상을 초월할 정도로 확 줄어들었다고 밝혔다.

경영전략 학계의 세계적 권위자들인 마이클 유진 포터(Michael Eugene Porter)나 클레이튼 크리스텐슨(Clayton M. Christensen)의 이론에 따르면 저비용과 고가치 전략은 양립할 수 없었다. 그러나 이제 이런 논점들 자체가 무의미해지고 있다. 다운즈와 누네스는 이러한 기업의 혁신적 제품이나 서비스를 '빅뱅 파괴자(Big Bang Disruptor)'라 부르며, 이것들이 단순히 파괴적인 혁신(disruptive innovation)을 뛰어넘어 기존 산업 기반과 시장 자체를 바꿔버리는 '초토화 혁신(devastating innovation)'을 이끈다고 말했다.

여러 분야에서 적극 활용되며 생산성을 높이는 데 기여하고 있는 범용 기술(general-purpose technology)은 혁신가가 빅뱅 파괴자를 개발하는 일종의 플랫폼 역할을 한다. 다운즈와 누네스는 이를 기하급수적 기술(exponential technologies)이라 부르며 짧은 기간 안에 가격과 성능 양 측면에서 모두 괄목할 만한 개선이 이루어질 것이라 내다봤다. 또한 사용자 역시 기하급수적으로 증가할 것이라고 강조하고 있다.

범용 기술로 이미 모듈화되어 있는 컴퓨터 분야 외에 인간 게놈, 광섬유, LED, 로봇공학, 재료과학에서 물 분해, 슈퍼커패시터(충전이 신속하고 수명이 매우 긴 전지), 포토닉스(빛을 사용한 정보 전달), 열전기학(열을 전기로 바꾸는 기술), ESS(에너지 저장 시스템) 같은 것이 잠재적인 범용 기술로 급부상하며 전 세계적으로 인기 있는 투자 분야가 될 것이다.

그렇기 때문에 지금 이 순간에도 전 세계 기술 관련 기업의 엔지니어와 제품 개발자들은 시장에 널리 깔린 범용 기술이나 기하급수적 기술을 기반으로 한 오픈소스를 이리저리 끼워 맞춰 짧은 시간 안에 새로운 제품을 만드는 데 온 힘을 기울이고 있을 것이다. 이 과정에서 빅뱅 파괴자의 씨앗이 뿌려지는 셈이다.

해커톤에서 처음 등장한 트위터 역시 이러한 방식으로 탄생했으며, 사용자들에 의해 완성되었다. 오늘날 이 회사는 3억 명이 넘는 활발한 사용자들과 하루 5억 건이 넘는 트윗을 자랑한다. 트위터와 같은 빅뱅 파괴자들은 과거에 비해 비용은 아주 조금밖에 들지 않으면서 사용자들도 손쉽게 구할 수 있는 요소들로 구성된다.

현재 전 세계 인구의 절반가량인 38억 명이 넘는 사람들이 사용하는 스마트폰의 극적인 성공은 디스플레이, 반도체, 센서 등을 포함하는 값싼 부품들이 거래되는 튼튼한 2차 시장을 창출해냈다. 원래 스마트폰에 사용하기 위해 설계된 부품들이 개인용 건강 모니터링 장치, 개인용 저가 드론 등 처음 목적과 전혀 상관없는 제품들에도 사용되고 있다.

빅뱅 파괴자들을 만들어낼 때 사람들은 더 이상 과거처

럼 제품 개발을 위해 부품을 새롭게 설계하기보다는 기존의 부품을 재사용하는, 더 싸고 덜 위험한 방법을 선택한다. 그리고 몇 개의 특화된 제품이나 서비스 요소를 첨가함으로써 신제품을 돋보이게 만든다.

이런 방식의 장점은 이미 시장에서 검증된 부품을 사용하기 때문에 리드 타임(개발 단계에서 완성품 출시까지 걸리는 시간)의 제한을 받지 않는다는 것이다. 개발 비용을 줄이면서 제품 출시를 앞당기고 고부가가치를 창출하는 것. 이것은 모든 산업군에서 어마어마한 경쟁력이 된다.

이 추세대로라면 결국 미래에 가장 성공할 혁신가 타이틀은 아마도 과거의 사람들이 피땀 흘려 개발한 기술을 가장 독창적으로 결합하는 사람이 차지할 것이다.

무에서 유를 창조하기 위해 막대한 비용과 시간을 투자하는 것이 아닌, 기존에 있는 것으로 새로운 쓰임을 찾아내는 사람들 말이다. 이런 사람들의 사고방식과 행동을 배우는 것이야말로 '창의성'과 '창조'가 각광받는 시대에 우리가 살아남을 길이다.

chapter 1

무일푼의 메이커가 �뜬다

'창조'의 전환점

—

그늘에
놓인
해시계

'발명'이라고 하면 뭔가 새로운 것을 만들어내야 할 것 같은 느낌이 든다. 위대하고 대단한 것인데, 정말 해낼 수 있을지 망설여진다. 그러다 보니 살짝 머리가 지끈거린다. 이럴 땐 먼저 생각을 가볍게, 머리를 유연하게 만들어야 한다.

먼저 과거에 '빈손의 창조자'들이 만들어낸 발명의 결과물들을 일상에서 찾아보자. 우린 과학자가 되려는 것이 아니라 어느 누구라도 그렇게 할 수 있다는 것을 아는 것이 중요하니까. 만만하고 쉬운 접근법이 필요하다.

'발명' 하면 가장 먼저 누가 떠오르는가? '축음기', '백열전

등', '영사기', '발명왕', 이 키워드만 봐도 떠오르는 이름, 아마도 토머스 에디슨이 가장 먼저 떠오를 것이다. 그의 위대한 업적만큼이나 유명한 이야기가 하나 있다. 가난해서 초등학교도 3개월만 다니고 그만둬야 했던 에디슨은 열두 살 때 열차에서 신문과 과자를 팔며 생계를 유지했다고 한다. 그런데 더 놀라운 건 그 시간마저 절약해 화물차 안에서 실험과 발명에 열중했다는 사실이다.

그가 평생에 걸쳐 발명한 백열전등, 축음기, 영사기 등 1,000종이 넘는 발명품들은 "놀랍고도 획기적이다."라는 세계적인 평가와 함께 새로운 산업의 영역을 만들어냈다. 그뿐만 아니라 우리의 생활, 문화 산업의 판까지 송두리째 바꾸었다. 그러고도 그는 성에 차지 않았는지 "나는 발명을 계속하기 위한 돈을 얻기 위하여 언제나 발명을 한다."라는 말을 남겼다. 정말 대단한 위인이다.

이런 무시무시한 인간이 또 있었으니, 바로 미국 독립에 중추적 역할을 한 '건국의 아버지' 벤저민 프랭클린이다. 미국 보스턴에 있는 한 양초 가게의 열다섯 번째 아이로 태어난 그는 가난한 형편에도 굴하지 않고 독학하여 발명가가 되었다. 그리고 난로, 피뢰침, 복초점 렌즈와 같은 획기적이고도 다양한 발명품을 내놓으며 세상에 한 획을 그었다. 게다가 과학자, 정치가로도 왕성히 활동했다.

무궁무진한 재능을 가진 프랭클린 역시 에디슨에 못지않은 명언을 남겼다. 그는 "인생의 진정한 비극은 우리가 충분한 강점을 갖고 있지 않다는 데에 있지 않고, 오히려 갖고 있는 강점을 충분히 활용하지 못한다는 데에 있다."라고 말했다. 그는 제대로 활용되지 못하고 낭비되는 재능을 가리켜 '그늘에 놓인 해시계'라고 불렀다.

이렇게 대단한 사람들의 이야기를 꺼내니 발명이 더 어렵고 멀게 느껴지는가? 그럴 필요 없다. 우리가 기억할 것은 그저 그들은 가진 것이 없어도 원하는 것을 만들어내고 그 행위를 통해 즐거움을 느꼈다는 것이다. 그리고 또 한 가지, 그들은 새로운 아이디어를 보이지 않는 '생각'의 틀에 가두지 않았다는 사실이다. 또한 실패를 거듭하더라도 포기하지 않고 도전하는 강한 근성으로 자신의 생각을 반드시 눈에 보이는, 실체가 있는 것으로 만들어냈다.

그들이 지금까지도 수많은 사람들에게 회자되는 까닭은

그 발명품이 산업의 판을 바꾸고 사회를 바꿔놓았기 때문만이 아니다. 그들은 수많은 사람들이 생각지도 못한 것을 생각할 수 있게 해주었으며, 꿈꾸고 행동하는 만큼 뭔가를 바꿀 수 있다는 것을 몸소 보여주었다. 무엇보다 수많은 사람들에게 희망을 심어주었다.

발명이란 그런 것이다. 작은 골방이나 갑갑한 연구실에 틀어박혀 머리를 쥐어뜯으며 어렵게 하는 것이 아니다. 내가 꿈꾸는 것을 눈에 보이는 구체적인 어떤 것으로 만들어내는 것이다. 그 행위에 즐겁게 몰입할 수 있는 것이다.

또한 이를 통해 누군가의 삶을 윤택하게 바꿀 수 있다는 희망을 품는 것. 세상을 바꾸려는 엄청난 시도가 아니라, 작은 생각이 모여 세상이 바뀐다고 믿는 것이다. 더 많은 사람이 발명에 대한 접근 방식만 바꿔도 세상을 뒤흔들 만한 재미있는 일이 지금보다 더 많아질 것이다.

발명이란 어렵거나 위대한 것이 아니다.
머릿속을 떠돌던 자신의 생각을, 꿈을
눈에 보이도록 구현해내는 것이다.

보고 즐기고
맛보는
모든 것이 창조물

자, 이제 이런 발견이, 발명이, 창조물이 세상을 얼마나 더 재미있게 바꾸었는지 주변을 둘러보며 좀 더 찾아보자. 과학이나 경제, 경영학의 관점이 아닌 우리가 보고 즐기고 맛보는 문화의 관점에서 먼저 접근해보는 것이 좋겠다.

'난타' 공연을 보거나 들어본 적이 있을 것이다. '난타'는 우리나라를 넘어 세계적인 타악기 공연 중 하나로 인정받고 있는 작품이다. 세계 59개국 314개 도시에서 공연했으며, 태국의 방콕에서는 전용 극장이 있어 상설 공연이 진행될 정도다. 현재 국제기구의 회의나 행사에도 초청될 정도로 그 위상이 높아졌다.

이 작품은 1997년 프로듀서 송승환이 만들었는데, 기존에 쓰이던 타악기 대신 전혀 다른 재료들을 차용했다. 요리사들이 레스토랑 주방에서 요리한다는 큰 콘셉트 아래, 그들이 쓰는 주방기구나 식재료를 타악기 대신 사용한 것이다. 공연에서 주로 사용되는 타악기는 요리도구인 칼, 도마, 냄비, 프라이팬, 접시 등과 음식 재료들인 배추, 당근, 오이 등이다.

거기에 사물놀이 박자, 마당놀이 형식 등 한국의 다양한 전통 소재, 줄거리, 공연 양식을 접목시켰다. 북을 치듯이 박자에 맞춰 재료들을 썰고 요리도구들을 두드리며 신명을 돋우는 방식이 극의 기본 구성이다.

원래 난타라는 말은 야구나 테니스 같은 운동 종목에서 '마구 친다'라는 의미로 쓰이는데 동명의 공연이 성공하면서, 이 공연작품을 나타내는 고유명사로 더 유명해졌다. 또한 이와 비슷하게 일상에서 흔히 볼 수 있는 물건들을 두드리는 형태의 공연들도 난타로 불린다.

만약 이 공연의 기획자가 기존의 타악기 공연을 현대식

으로 조금만 바꾸었다면 어떻게 되었을까? 요리도구의 쓰임을 바꿔 타악기를 대신해 쓸 생각을 하지 않았다면 지금의 '난타' 공연이 성황리에 진행될 수 있었을까?

그는 자신에게 주어진 재료를 능숙하게 변통(變通)하여 새로운 것을 만들어내는, 이른바 '손재주꾼'이다. 여기서 '변통'은 '기존의 방법과 도구, 질서나 제도가 제대로 작동하지 않는다면 변화시켜 통하게 해야 한다'는 뜻이다. 이런 방식으로 사고를 전환해 접근하면 그처럼 세계적으로 성공한 창조물을 만들 수 있다.

많은 사람들이 즐겨 먹는 시저샐러드는 로메인 상추와 크루통(튀긴 빵 조각)에 파르메산 치즈, 우스터 소스 등을 드레싱으로 올려 버무린 것이다. 시저란 이름 때문에 이탈리아 요리로 착각할 수 있으나 이탈리아계 미국인 시저 칼디니(Caesar Cardini)가 개발한 미국 요리다.

시저샐러드는 1930년대 파리에서 열린 국제미식가협회(the International society of Epicures)에서 일류 셰프들이 뽑은 '지난 50년간 미국인이 만든 요리' 중 최고의 레시피로 선정되기도 했다. 그런데 이렇게 대단한 요리가 개발된 배경을 살펴보면 아주 재미있는 사실을 알 수 있다.

요리사 시저 칼디니는 미국의 금주법을 피해 멕시코 국경을 넘어 경계 지역에 위치한 티후아나(Tijuana)라는 도시에서 레스토랑을 운영하고 있었다.

1924년 7월 4일, 미국 독립기념일을 맞아 미국에서 관광객이 한꺼번에 식당으로 몰려드는 바람에 샐러드 재료가 부족해졌다. 당장 재료를 조달할 방법이 없었던 그는 할 수 없이 주방에 남아 있던 재료를 긁어모아 즉흥적으로 샐러드를 만들어냈다. 그것이 바로 시저샐러드다.

이후 시저샐러드의 인기가 날로 높아져 티후아나를 방문하는 사람이라면 꼭 한 번쯤 먹어봐야 할 음식으로 자리 잡았다. 영화 '바람과 함께 사라지다'의 주인공 클라크 게이블(Clark Gable)도 시저샐러드를 맛본 후 골수팬이 되어 이 요리를 할리우드를 거쳐 미국 전역에 소개하는 데 지대한 공을 세웠을 정도였다.

일본인들은 동물 내장을 '호루몬(ホルモン)'이라고 부른다.

'호루몬'은 특히 일본에 사는 조선인 1세대들이 즐겨 먹었다고 해서 한때 조선인을 비하하는 의미로도 쓰였다.

1920년대 이후 강제로 혹은 먹고살기 위해 일본에 온 조선인들은 어려운 형편에 살코기를 살 수 없어 일본 사람들이 먹지 않고 버린 소나 돼지의 내장을 구워 먹었다. 종일 고된 노동을 마치고 귀갓길에 독한 소주로 피로를 풀고 향수를 달래는 데 내장만큼 좋은 안주는 없었다. 값싸고 손쉽게 구할 수 있었으니 말이다.

하지만 일본인들에게 이런 모습은 다소 충격적이었다. 1871년 메이지 천황이 에도 시대 이래 실시하던 고기 금지령을 해제했으나 당시 육식이 완전히 보편화되지는 않았던 시절이라 일본인들 눈에는 고기도 아닌 징그럽게 생긴 내장을 구워 먹는 조선인들의 모습이 낯설 수밖에 없었다.

하지만 태평양전쟁이 끝난 후 전쟁의 폐허 속에서 일본인 노동자들 사이에서도 내장을 구워 먹는 '호루몬야키'가 인기를 모으기 시작했다.

극도로 어려워진 삶과 암울한 미래를 감당해야 할 패전국 국민에게 술과 값싼 호루몬야키는 최고의 위안이 되었

다. 특히 내장을 꼬치에 꿰어 숯불에 구워 먹는 '구시야키'
는 서민들이 즐기는 술안주 중 단연 으뜸이었다.[1]

먹지 않고 버렸던 소나 돼지의 내장을 적절한 양념에 버
무려 구워 먹는 요리로 재탄생시킨 호루몬야키는 1세대 조
선인들의 궁여지책이었으나 지금은 널리 사랑받는 창조물
이 되었다.

—

세계적인 거장들도
알고 보면
빈손으로 시작했다

한국 미술계의 아방가르드와 추상화의 대가인 김환기 화백. 그의 작품 세계는 무궁무진하나 그중에서 단연 뛰어나고 그의 미술 인생에 정점을 찍은 것이 바로 '점화(點畵)'다. 이 점화의 탄생 배경을 보면 경제적으로 어려웠음에도 불굴의 정신과 근성으로 독자적인 예술세계를 이룩한 그의 창조자로서의 기질이 돋보인다.

1967년 10월 13일. 뉴욕에서 하루 16시간씩 작업에 몰두하던 김환기 화백은 비싼 재료인 캔버스 대신 신문지를 사용했다. 한국에서 보장된 대학교수직을 스스로 버리고 뉴욕에 정착한 그는 생활고에 시달리는 상황이었는데도 버려진 〈뉴욕타임스〉나 누런 갱지들을 활용해 작품 세계를 펼쳐나갔다. 가난한 예술가에게서 뛰어난 작품이 꽃을 피운다고 하지 않는가. 종이에 부단한 실험을 거듭한 끝에 그의 '점화'가 탄생했다.

그의 부인 김향안 여사는 1990년, 당시 상황을 이렇게 회고했다. "1968년 〈뉴욕타임스〉는 지질이 오늘날보다 훨씬 좋았다. 남편은 신문지의 인쇄 기름과 유채가 혼합되어 빛깔에 윤기가 돌고 꼭 다듬이질을 한 것 같은 텍스추어가 나오는 것이 재미난다면서 한동안 종이 유채 작업에 몰두했다."

만약 그가 캔버스 대신 자신의 주변에 널린 신문지를 미술 재료로 쓸 생각을 못했다면 어떻게 되었을까? 지금의 점화는 볼 수 없었을지 모른다. 그의 점화 작품은 대형 캔버스 작업처럼 관람객을 압도하는 느낌은 적지만 아기자기하면서도 아날로그적이어서 색다른 감동을 준다. '빈손의 창조자'가 만들어낸 세기의 작품이다.

"판잣집 골방에 시루의 콩나물처럼 살면서도 그렸고, 부두 노동을 하다 쉬는 참에도 그렸고, 다방 한구석에 웅크리고 앉아서도 그렸고, 대폿집 목로판에서도 그렸다. 캔버스나 스케치북이 없으면 합판이나 맨 종이, 담뱃갑, 은종이에도 그렸고, 물감과 붓이 없으면 못이나 연필로도 그렸다. 잘 곳과 먹을 곳이 없어도 그렸고, 외로워도 그렸고, 슬퍼도 그렸고, 부산, 제주, 통영, 진주, 대구, 서울 등을 표랑 전전하면서도 그저 그리고 또 그렸다."

시인 구상(具常)이 쓴 〈이중섭의 피난시절을 추억하며〉라는 글의 일부이다. 한국의 대표적인 천재 화가로 일컬어지는 이중섭은 평생을 고독과 병으로 질곡 같은 인생을 살다가 한 병원에서 홀로 생을 마감하는 비극적인 삶을 살았다. 구상 시인의 글처럼 6·25 전쟁 피난시절 사랑하는 아내 이남덕과 두 아들을 일본으로 떠나보내고 홀로 남은 이중섭에게 유일한 안식처는 그림뿐이었다.

그 역시도 김환기 화백처럼 어려운 환경이었음에도 불구하고 예술혼을 불태웠다. 담뱃갑 속에 든 은박지에도 그림을 그렸는데, 송곳이나 나무 펜을 이용해 아이들이 물고기와 어우러져 노는 장면이나 단란한 가족의 모습을 담아냈다. 그렇게 탄생한 '은지화'는 이중섭의 미술 세계를 이해하는 데 빼놓을 수 없는 작품이자, 그만의 독자적인 작품으로 평가받는다. 그의 은지화 3점은 내용과 은지라는 독특한 재료를 개발했다는 고유의 가치를 인정받아 현재 뉴욕 현대미술관(MOMA)에 소장되어 있다.

김환기가 버려진 〈뉴욕타임스〉에 그린 점화와 이중섭의 은지화는 생각지도 못한 재료를 미술 재료로 사용했다는 점에서 창의적이고 독특하다고 칭송받는다. 하지만 어찌 보면 그들은 '더 창의적이고 새로운 시도'를 하기 위해 그 재료들을 사용했다기보다는 단지 주변에 있는 것들을 활용했을 뿐이다.

그 재료의 쓰임을 달리 보고 어떤 것으로도 그림을 그리겠다는 의지가 더해져 '창의성'이 발현된 것일 뿐, 목적은 창의성 자체가 아니라 그림이었다. 이렇듯 목적이 분명하고 상황에 맞춰 만물의 쓰임새와 가치를 다르게 보려고 할 때 세상을 뒤흔들 만한 뛰어난 창조물을 만들어낼 수 있는 것이다.

궁여지책으로 만든 시저샐러드,
세계적인 거장 김환기 화백의 점화와
이중섭 화가의 은지화.
분명한 목적이 있고 포기하지 않겠다는
근성이 더해지면 주변의 모든 것이
창조물의 좋은 재료가 된다.

옆집 창고에
혁신가가
살고 있다

이쯤 되면 발명이나 빈손으로 창조물을 만들어내는 과정이 조금은 덜 어렵게 느껴지리라. 이제 먹고사는 문제로 돌아와, 우리 생활에 밀접한 관계가 있는 다양한 산업군에서 빈손으로 결과물을 만들어낸 사람들이 어떤 변화들을 일으켰는지 알아보자.

앞서 살펴본 예술계의 두 거장에 버금가는 파급력을 행사했던 또 다른 사람을 꼽자면, 아마도 '스티브 잡스'가 아닐까 싶다. 이 천재가 차고에서 뚝딱뚝딱 만들어낸 발명품으로 어떻게 세계 시장을 장악했는지는 이제 더 말하지 않아도 될 만큼 많이 알려져 있다. 그의 발명을 통한 혁신과, 차고 문화는 전 세계 산업군을 움직이는 원동력이자 세상을 읽는 키워드가 되었다.

그렇다면 여기서 한 가지 질문을 하겠다. '스퀘어(square)'라는 기업에 대해 들어본 적이 있는가? 카드 단말기 없이 스마트폰과 애플리케이션만 있으면 어디서나 신용카드 결제가 가능한 서비스 기업이다. 추산되고 있는 기업 가치만 5조 4,000억 원 이상으로, 2009년 창업 이후 지금까지 스퀘어를 통해 결제된 금액만 30조 원 이상이라고 한다. 실로 엄청난 숫자다.

스퀘어의 공동창업자인 잭 도시(Jack Dorsey)와 짐 맥켈비(Jim McKelvey)는 회사를 설립하기 전 스마트폰을 신용카드 결제 플랫폼으로 이용하려는 아이디어를 가지고 있었다. 가게에 따라 비자나 마스터, 아메리칸 익스프레스 카드를 선별해서 받기 때문에 해당 카드가 없어 물건을 사지 못했던 경험이 몇 번 있었기 때문이다.

이들은 대형 은행이 놓친 틈새시장을 공략하겠다고 투자자를 설득했다. 그러나 실체 없이 그들의 마음을 움직이기에는 역부족이었고, 이에 실패하자 시제품 전 단계인 프로토타입(prototype)을 만들기로 했다.

짐 맥켈비는 먼저 샌프란시스코 멘로파크에 있던 테크숍(TechShop)에서 창업에 필요한 여러 가지 강의를 들었다. 그러고 나서 대형 공장에나 있을 법한 여러 장비와 공구, 재료들, 그곳에서 자신들이 활용할 수 있는 것들을 이것저것 끼워 맞춰 프로토타입 3가지를 만들었다. 잭 도시는 옆에서 프로그램을 짰다.

두 사람은 몇 달 뒤 완벽하게 작동하는 프로토타입을 들고 실리콘밸리 벤처 투자자를 만났다. 서비스를 공개하기도 전에 초기 투자금 1,000만 달러를 받았으며, 2014년에는 3억 달러가 넘는 투자를 받았다.

이 두 사람은 발명가 기질과 뛰어난 근성, 창작자들을 위한 공간인 '메이커 스페이스' 덕분에 아이디어를 실제로 구현하여 사업을 성공시킬 수 있었다. 또한 이들의 성공은 곧 미국의 신용카드 결제 플랫폼에 혁신을 일으키며 많은 사람의 생활의 질을 한 단계 높였다.

스티브 잡스나 스퀘어의 공동창업자를 비롯한 수많은 벤

처 창업가들이 빈손으로 결과물을 만들고 성공하는 데에는 여러 이유가 있겠지만, 많은 사람이 미국의 '차고 문화'를 꼽는다. 아이디어를 시제품으로 발전시키는 과정에서 직접 이것저것 만들어보고 그것들을 다시 분해해 고쳐보며 훈련하는 것이 당연하다는 사고, 더불어 그렇게 해볼 수 있는 공간을 제공받는 게 미국은 아주 자연스러운 편이다.

이러한 분위기는 교육으로 연결되어 미국의 명문 학교인 스탠퍼드 대학교에서는 창업 이론과 교육방식을 직접 배우고 연구하는 '창업가 정신(entrepreneurship)'을 수업으로 만들어 체계적으로 가르친다. 이는 창업의 글로벌 트렌드를 선도해온 미국 올린 공과대학교, 싱가포르 국립대학교, 홍콩 과학기술대학교 등에서도 활발히 진행되고 있다.

그들은 창업가 정신이야말로 ICBM(IoT, Cloud, Big Data&Artificial Intelligence, Mobile의 줄임말. 사물인터넷 센서가 수집한 데이터를 클라우드에 저장하고, 빅데이터를 분석해 적절한 서비스를 모바일 기기 서비스 형태로 제공하는 것.) 기술 때문에 일거리가 사라진 빈자리에 새로운 일거리를 채워 넣는 사회적 엔진이 되리라고 기대하고 있다.

뿐만 아니다. 미국 정부는 '메이커 스페이스' 활성화와 더불어 누구나 '메이커'가 될 수 있도록 적극 지원한다. 미국의 44대 대통령이었던 버락 오바마는 재임 당시 "오늘의 DIY가 내일의 메이드 인 아메리카가 된다."라며 메이커 운동이 앞으로 수십 년 동안 새로운 일자리와 산업을 만드는 미국 제조업의 토대가 될 것이라고 강조했다.

한국 정부 역시 2020년까지 1,000만 명에게 3D프린터 활용 교육을 실시함은 물론이고, 과학관과 도서관, 초·중·고등학교에 3D프린터를 보급하고, 130개의 셀프 제작소를 구축하겠다는 계획을 밝혔다.

중소벤처기업부는 2018년에 235억을 투입해 메이커 스페이스 65곳을 구축, 조성한 데 이어 2019년에도 추가로 60여 곳을 더 만들고, 2022년까지 전국에 350여 개의 메이커 스페이스를 조성할 예정이라고 밝혔다. 이제 수많은 사람들이 이곳에서 짐 맥켈비처럼 입문 교육은 물론이고 시제품 제작, 부족한 제조 창업 인프라에 대한 지원을 받을 수 있게 되었다.

물론 3D프린터라는 1가지 기술에만 집중하는 모습이

단편적이고 정부 주도로 공급부터 늘리는 접근법이 다소 우려스럽기는 하다. 하지만 사람들이 자신의 아이디어를 실제로 구현해보는 경험, 발명이 거창한 것이 아니라 얼마든지 도전할 만한 것이라는 분위기가 조성되는 건 환영할 만하다. 수많은 사람들이 마음껏 역량을 펼칠 수 있는 판이 제대로 깔리고 있다는 뜻이기 때문이다.

처음에는 엉뚱하고 바보스러워 보일지라도 결국 이런 도전을 거듭한 사람만이 시장에서 인정받고 성공할 가능성이 높다. 또한 이렇게 해서 자리 잡은 사람 중 일부는 세계적 성장을 위한 도약을 준비하게 된다. 이것은 다시 사회 전반에 혁신의 분위기를 확산시키고 또 다른 다수의 메이커이자 혁신가를 탄생시킬 것이다.

아이디어는
머릿속이 아닌
눈앞에 존재한다

여전히 발명의 핵심이 '아이디어'라고 생각하는 사람들에게 한 가지 묻고 싶다.

스퀘어의 창업자들은 뛰어난 아이디어가 있었지만 투자 유치에 실패했다. 시제품에 근접한 프로토타입을 만든 후에야 비로소 어마어마한 투자금을 받을 수 있었다. 우리는 지금껏 '발명'과 '창조'의 중심에는 언제나 아이디어가 있고, '하드웨어'보다 '소프트웨어'가 더 중요하다고 믿어왔다. 하지만 과연 '아이디어'만으로 '발명'이 완성되는가? (물론 여기까지 읽었다면, 아이디어가 다가 아니라 그것을 구체적으로 만들어보는 과정이 더 중요하다는 사실을 깨달았겠지만.)

물론 아이디어는 중요하다. 하지만 이제 그 이상을 생각해야 한다. 어느 때보다 빠르게 변하고 분야에 관계없이 기술이 융합되고 있는 이 시대에, 뛰어난 '소프트웨어'를 담아낼 '하드웨어'의 혁신이 절실해졌다. 이제 더 이상 '아이디어'에만 머물러 있어서는 안 된다. 아이디어가 있다면 그것을 실제로 만들어낼 수 있어야 한다. 바로 앞서 말한 '메이커 스페이스'와 같은 공간에서 말이다.

2013년 서울디지털포럼에서는 오픈소스 하드웨어를 중심으로 공유 문화가 살아 움직이는 산업 생태계를 어떻게 조성할 것인지 심도 깊은 토론이 이어졌다. 한 발표자는 빵 굽는 기계와 트랙터 만드는 법을 인터넷 웹사이트에 공개해 누구나 만들 수 있게 했다는 사례를 소개했다. 또 누군가는 "제품 발전을 가로막는 특허보다는 제품 설계도를 공개하는 오픈소스 하드웨어야말로 제품 발전에 혁신을 일으킨다."라고 주장했다.

오픈소스 소프트웨어가 소프트웨어를 구성하는 소스의 코드를 공개하는 것이라면, 오픈소스 하드웨어는 제품을 구성하는 설계도면, 회로도, 자재명세서 등을 대중에게 공개하는 것을 말한다. 이것을 보고 관심 있는 사람들은 하드웨어의 작동 원리를 이해하고 스스로 재료를 마련해 직접 만들어볼 수 있다. 이들이 오픈소스 하드웨어를 강조하는 까닭은 이것이 궁극적으로 또 다른 혁신과 창조를 이끌어내는 데 직접적인 동기를 제공하기 때문이다.

제품이나 서비스를 스스로 개발하는 메이커들에게 '메이커 스페이스'를 제공하고, 그곳에서 지식을 공유하고 협업한다면, 그 결과물이 과연 우리 삶을 얼마나 윤택하게 바꾸어놓을지 상상이 되는가?

1인 제조 시대를 일상으로 만들겠다는 미국의 '테크숍', 독일에서 시작된 '해커 스페이스', MIT 미디어랩에서 발전된 미국의 '팹랩' 등 다양한 이름으로 전 세계에 존재하는 메이커 스페이스. 그곳은 레이저 절단기, CNC 밀링 기계, 산업용 3D프린터, 용접기 등 다양한 제조기구를 갖추고 메이커들의 아이디어를 기다린다. 생산도구가 다양하고 간단하면서도 저렴해진 덕분에 더 많은 사람이 사용할 수 있게 됐다.

테크숍 CEO 마크 해치(Mark Hatch)는 "공간과 플랫폼을 함께 사용해 제품 개발에 드는 비용을 98%까지 줄일 수 있다."라고 말한다. 이제 수천만 원만 있으면 개인 인공위성을 띄우고, 장롱에 묻어둔 비상금 수백만 원으로 하드웨어 스타트업을 차릴 수 있는 시대다. 최소한의 자본과 간단한 아이디어가 메이커 스페이스로 모이면 혁신적인 스타트업이나 개인 제조업이 잇달아 나타날 것이다.

중국의 부자 동네인 저장성 원저우에는 곧 허물어질 듯이 생긴 조그만 공장이 많다. 그러나 이 초라하고 형편없는 곳에서 최첨단 주방기구와 최고급 이탈리아 가죽 소파가 만들어진다. 무엇을 만들든 몇 군데 전화만 돌리면 주위의 벌집 같은 공장에서 필요한 부품이 빠르게 만들어져서 배달된다. 부품업자들은 믿을 수 없는 솜씨를 발휘해 주문이 들어오면 무엇이든지 뚝딱 만들어내고 있다.

중국 선전은 20여 년에 걸쳐 구축된 제조 인프라를 토대로 세계의 IoT 하드웨어 분야를 선도하는 중심지로 자리매김하고 있다. 선전에는 대규모 공장뿐만 아니라 산업 디자인, 기구 설계와 전자회로 설계를 아웃소싱할 수 있는 수백

개의 디자인 하우스가 있고, CNC 및 진공 주조 등을 통해 프로토타입을 만들 수 있는 소규모 공장형 기업도 다수 포진해 있다.

어떤 제품을 만들 때 한 기업에서 제조 과정을 모두 소화할 수 없으면 선전시에 효율적으로 조성된 협업 환경이 각 업체들의 역량을 끌어내 하드웨어 개발의 본질적 목적인 높은 품질과 낮은 가격을 구현해낸다. 선전을 창업자들이 아이디어만 가져오면 무엇이든지 만들 수 있는 '하드웨어의 성지(城地)', 혹은 '하드웨어의 실리콘밸리'라고 부르는 이유도 이러한 제조 생태계 때문이다.

서울 용산의 원효전자상가에 위치한 '디지털 대장간'도 마찬가지다. 이곳은 금속 가공실, 목공실 같은 시설과 다양한 장비를 갖추고 있다. 아이디어가 있다면 여기서 시제품을 제작해볼 수 있으며, 장비 이용 교육, 전문가 컨설팅 등도 받을 수 있다.

대전에서 최근 서울로 이전한 공작 커뮤니티이자 메이커 스페이스인 '용도변경'은 메이커들이 스스로 회비를 모아 임대료를 내고 장비도 마련해서 사용하는 공동 작업 공간이다. 스스로 만드는 것을 좋아하고 즐기는 사람들이 이곳에 모여 서로 교류도 하고 전자회로, 기계, 봉제, 애니메이션 등 다양한 창작활동을 한다. 공동 제작과 실험을 기반으로 한 '청개구리제작소', 테크놀로지 DIY를 추구하는 '땡땡이 공작', 기술 창업을 지원하는 비영리 단체인 '타이드 인스티튜트(Tide Institute)' 등도 비슷한 성격을 띤 메이커 스페이스다.

이러한 사람들을 위해 2013년부터 DIY 축제인 '메이커 페어 서울'도 매년 열리고 있는데, 그곳에 출품된 작품들은 우리의 상상을 초월한다. 이를테면 링거 주사 키트, 500ml 생수병, 공짜로 얻어온 수액 케이블, 단돈 3,000원으로 만든 더치커피 메이커, 유아 사고 방지 로봇 등 여러 기발한 제품들이 많은 관람객을 놀라게 했다.

이렇게 수많은 사람들이 자신의 아이디어를 끊임없이 실험하고 눈에 보이는 실체로 만들어낸다면, 발명에 대한 벽이 낮아지고, 예상을 뛰어넘는 창조물은 더욱 많아질 것이다. 또한 이것이 우리의 산업 생태계를 더욱 풍요롭게 만들 것이다.

미국의 '테크숍', 독일에서 시작된 '해커 스페이스',
MIT 미디어랩에서 발전된 미국의 '팹랩',
아이디어를 눈에 보이는 결과물로 만들어내는
가장 창의적인 공간, 메이커 스페이스,
이 신나는 놀이터는 전 세계 혁신의
상징적 공간이 될 것이다.

———

누구보다 빠르게,
시장을 선도하는 사람들

한 명 한 명이 메이커 스페이스에서 자기만의 경쟁력 있는 제품을 만들어낸다는 것은 경영의 관점에서 볼 때도 매우 의미가 있다.

지금이 어떤 시대인가. 시장은 포화되었고, 신제품 출시 기간은 점점 더 짧아지고 있으며, 분야를 뛰어넘는 기술 융합이 당연시되고 있다. 또 단순 노동은 인공지능이나 로봇으로 대체되는 시대다. 그러면서도 고객의 수요는 더 다양해지고 있다. 다품종 소량 생산은 기본이고 창의성은 더 중요하게 취급되고 있다. 이럴 때 한 사람 한 사람이 창의적인 메이커가 된다면, 그래서 더 다양하고 넓은 시장을 개척할 수 있다면 개인과 기업 모두에게 좋지 않을까?

새로운 것을 창출해내는 일은 여전히 어렵고 오래 걸린다. 경영의 관점에서 보면 발명은 곧 '연구개발'인데, 점점 더 급격히 변하는 산업 환경에서 비용을 많이 투자해 오래 지속해야 하는 연구개발은 경쟁력이 떨어진다. 이런 환경에서 생존하려면 사실상 방법은 하나다.

시장을 선점하거나 시장 선점자를 저지하는 것이다. 그러려면 시간 싸움이 매우 중요하다. 기업 측면에서도 있는 것을 조합해 빠른 시일 안에 새로운 것을 만들어내는 방식이 필요해진 까닭이다.

삼성전자는 2015년 초 모바일 결제 기술을 갖고 있던 미국의 루프페이(LoopPay)를 사들인 다음 6개월 만에 삼성페이를 출시했다. 1년가량 앞서 있던 애플페이를 단숨에 따라잡으며 모바일 결제 시장에 성공적으로 진출, 안착한 셈이다.

거기다가 사물인터넷 플랫폼 기술을 가지고 있는 '스마트싱스'까지 인수하여 삼성 제품의 90%를 사물인터넷으로 연결하려고 하고 있다. 만약 이 모든 기술을 자체적으로 개발하려고 했다면 과연 삼성페이를 비롯한 다른 계획들을 원하는 기간 안에 시행할 수 있었을까?

자체적으로 기술력을 가지고 있는 것은 조직에 귀중한 경험을 축적시키고 막대한 학습효과를 주지만 그만큼 위험부담도 크다. 시간이 지체되어 조금이라도 진출 시기가 늦어지면 이미 시장은 승자 독식판으로 바뀌어 있어 진입 자체가 힘들거나, 진입해서도 실패할 가능성이 높아서다.

또 뒤늦게 자체 개발한 기술이 이미 시장에서 통용 중인 기술을 누르고 '사실상의 표준(De Facto Standard)'이 될 수 있다는 보장도 없다. 그러면 애써 개발한 기술은 제대로 꽃피지도 못하고 소멸하게 된다. 검색 엔진의 지배자인 구글이 모바일 앱 서비스를 시작하면서 스마트폰 운영 시스템에서 애플의 iOS와 쌍벽을 이루는 안드로이드를 인수한 것도 바로 이런 이유 때문이다.

요즘 많은 기업이 이렇듯 자신들의 신제품 개발에 필요한 기술을 가진 기업을 인수·합병하는 방법으로 연구개발에 들어가는 비용을 줄이고 시간을 단축시킨다. 이름값이나 회사의 명성보다는 정말 필요한 분야의 기업을 '핀셋'으로 콕 집어 인수하는 방식으로 바뀐 셈이다.

이렇듯 있는 것을 끼워 맞춰 새로운 것을 창조해내는 '레고 블록식 혁신'은 개개인의 메이커뿐만 아니라 기업도 할 수 있다. 자사에 없는 기술이나 제품을 새롭게 연구·개발하기보다는 이미 존재하는 기술이나 제품(예컨대 애플리케이션)들을 창조적으로 결합하여 시간을 단축시키는 것이다. 그 덕분에 변화무쌍한 소비자 수요에 신속하게 대응하고 시장을 선점할 수 있게 된다.

발명은 골치 아픈 것이 아닌 재미있고, 지금 주어진 것만으로 얼마든지 해낼 수 있다. 게다가 이제 아이디어를 실제로 구현할 수 있는 공간도 점차 갖춰지고 있다. 그렇다면 이제 포기할 것이 아니라 근성을 가지고 시도하는 일만 남았다. 우리 주변에 얼마나 많은 사람이 이러한 시도로 자기만의 눈부신 혁신을 일궈냈는지 안다면, 망설이고 있는 이 시간이 얼마나 아까운 일인지 알게 될 것이다.

요즘 많은 기업이 자신들의 신제품 개발에 필요한
기술을 가진 기업을 인수·합병하는 방법으로
연구개발에 들어가는 비용을 줄이고 시간을 단축시킨다.
이런 '레고 블록식 혁신'은 이제 선택이 아닌 필수다.

chapter 2

완벽한 설계를 버리다

경험의 무기를 쥔 자들

—

완벽한
설계는
필요 없다

삶이란 원래 이토록 엉뚱한 것인가? 평범한 가전제품 수리기사에서 고압 케이블 테스트기 사장이 된 짐 로스코(Jim Roscoe)[1]는 출하하려고 창고 안에 잔뜩 쌓아둔 고압 케이블 테스트기 완제품 박스를 바라보며 실없이 웃었다. 손님이 없어 본업이었던 가전제품 수리 가게의 문을 닫아야 하나 막막해했던 것이 엊그제 같은데, 이제 잘나가는 고압 케이블 테스트기 회사의 사장이라니.

그는 얼마 전까지만 해도 당장 돈 한 푼 빌릴 사람이 없고 저축해둔 돈도 없었다. 가게에 파리만 날리는, 희망이라고는 전혀 찾아볼 수 없는 절망적인 상황에 빠져 있었다. 그런데 그는 어떻게 하루아침에 이런 반전을 이뤄낸 것일까? 특히나 고압 케이블 테스트기를 만드는 일은 그동안 해 본 적도, 배운 적도 없는 생소한 일이었는데 말이다.

기회의 손길은 전혀 생각지도 못했던 곳에서 우연히 찾아왔다. 가게에서 몇 킬로미터 떨어진 곳에 탄광촌이 있었는데, 탄광에서 동력선으로 사용하는 지하 고압 케이블들이 노후화되어 수리가 필요하다는 것이었다. 텔레비전이나 냉장고 같은 가전제품만 수리하던 그가 고압 케이블에 대해 알 리가 없었다. 하지만 그는 당장 가게 문을 닫을 위기에 처해 있었고, 가진 돈도 없었다. 무슨 일이든 해야 했지만 그렇다고 고압 케이블에 대해 공부할 시간적 여유도 없었다.

그래서 급한 대로 늘 만지던 가전제품 테스트기의 작동 원리와 구조에 대한 지식, 그간의 수리 경험을 바탕으로 머리를 쥐어짜 대충 설계를 했다. 그리고 작업장에 굴러다니는 생산이 중단된 텔레비전 브라운관 부품, 테스트 기기, 그 밖의 잡다한 고물 전자부품들을 주워 모아 조립한 끝에 엉성해 보이는 테스트기를 만들어낼 수 있었다.

돈이 없어 당장 가지고 있던 부품 외에는 쓸 수 있는 게 없으니 모양이 엉성한 것은 당연한 일이었다. 그러나 겉보기와는 달리 케이블을 옮기거나 절단하지 않고 간단하고 안전하게 손상부위를 진단할 수 있는 나름 훌륭한 테스트기가 만들어졌다.

성능과 품질에 대해 입소문이 나기 시작하면서 테스트기는 탄광뿐 아니라 고압 케이블을 사용하는 많은 업체에 팔려나가기 시작했다. 그 덕분에 짐 로스코는 망해가던 전자제품 수리 가게 주인에서 잘나가는 고압케이블 테스트기 회사 사장으로 성공한 인생역전의 주인공이 되었다.

우리는 흔히 목표한 무언가를 만들려면 먼저 구체적인 설계를 하고 거기에 필요한 인력과 재료, 도구를 마련하여 진행해야 한다고 생각한다. 앞에서도 강조했지만, 짐 로스코처럼 설계가 엉성해도, 그에 맞는 재료가 완벽하게 준비되어 있지 않아도 필요에 맞게 적당히 끼워 맞추는 방법만으로 충분히 창의적으로 문제를 해결할 수 있다.

짐 로스코를 보면 맥가이버가 떠오른다. 예전에 MBC에서 '맥가이버'란 외화 시리즈를 방영한 적이 있는데, 아마 40대 이상이라면 대부분 기억할 것이다. 비밀 임무를 수행하는 피닉스 소속 첩보원인 맥가이버가 물리, 화학, 생물학 같은 기본적인 과학 지식과 주변에 널린 잡동사니들을 이용하여 만든 도구로 절묘하게 위기를 벗어나는 장면은 이 시리즈의 백미였다. 이를테면 흔히 구할 수 있는 비료로 폭탄을 제조하여 굳게 닫힌 철창을 부수고 탈출에 성공하는 식이다.

짐 로스코나 맥가이버의 사례는 우리 주변에 널린 모든 것이 용도에 따라 그 쓰임을 달리하면 아주 요긴한 도구나 재료가 될 수 있다는 것을 다시 한 번 깨닫게 해준다. 특히 짐 로스코와 맥가이버가 과학자도 아닌데 이런 창의적인 방법을 생각했다는 것은 우리에게 희망적이다.

에디슨처럼 천재 과학자가 아니라 솜씨 좋은 손재주꾼에 가까워도 얼마든지 이렇게 창의적으로 문제를 해결할 수 있다. 포기하지 않고 뭐라도 해보려는 근성이 있다면 말이다. 그 순간 도구와 재료 용도에 대한 고정관념을 깨고 번뜩이는 기지를 발휘하게 된다.

주어진 문제 상황에 맞추어 새로운 용도로 바꾸고 그렇게 재창조된 물건은 또 다른 제품을 만들어내는 데 필요한 도구가 되기도 한다. 이렇게 보면 창조란 세상에 없는 전혀 새로운 무언가를 만들어내는 것이 아니라 당장 쓸 수 있는 재료와 이미 알고 있는 지식을 주어진 상황에 적합하게 변형하는 일에 더 가깝다는 확신이 든다.

에디슨과 같은 천재 과학자가 아니어도
얼마든지 창의적인 발명을 해낼 수 있다.
도구와 재료에 대한 고정관념을 깬다면 말이다.
당장 쓸 수 있는 재료와 알고 있는 지식을 조합하라.
우리가 지금 당장 추구해야 할 창조는
바로 그런 것이다.

—

고물로
병아리 부화기를 만든
한국의 에디슨

짐 로스코처럼 평범하지만 뛰어난 결과물을 만들어낸 사람은 알고 보면 우리 주변에도 많이 있다. 서울 성동구에 살던 박병천 군은 초등학교 5학년 때 가족과 함께 고향인 전북 장수군으로 이사를 갔다.

도시를 떠나 낯선 농촌생활에 익숙해지기까지 처음에는 어려움이 많았다. 그의 아버지는 농촌생활을 낯설어하는 아이들이 조금이라도 즐겁게 생활하도록 도울 방법을 궁리하다가 병천 군의 할아버지 댁에서 키우던 닭 몇 마리를 데려왔다.

병천 군은 그 닭을 기르면서 병아리 부화에 온 정성을 쏟았고, 다른 아이들도 덩달아 인터넷을 뒤져 닭에 대해 공부하기 시작했다. 병천 군은 병아리를 부화시키는 방법을 좀 더 구체적으로 배우고 싶었다. 하지만 집안 형편으로는 고급 장비를 사기가 어려워 일단 주변에서 쉽게 구할 수 있는 재료를 가지고 직접 부화기를 제작해보기로 했다. 평소 손재주가 좋았던 덕에 그는 주저하지 않고 도전했다.

아이스크림 상자로 첫 부화기를 만든 그는 그다음에 버려진 스티로폼 통, 아이스박스, 못 쓰는 냉장고를 이용해 차츰 문제점을 보완해나갔고, 부화기는 점점 발전을 거듭했다. 못 쓰는 음료수 냉장고에 온도 조절용 센서와 환기용 팬, 백열전구 등을 설치하고 두부판을 엮어 알을 굴려주는 전란(轉卵) 틀을 만들었고, 거기에 자동 모터까지 달아 하루 8번 알을 굴릴 수 있는 대형 자동 부화기를 완성했다.

부화기를 만들 때마다 겪었던 문제점을 해결하기를 반복하다 마침내 2008년 3월, 그의 부화기에서는 하얀 솜뭉치 같은 병아리가 알을 깨고 모습을 드러냈다.

버려질 고물들을 재활용해 만든 엉성한 부화기에서 병아

리가 부화할 수 있다는 것을 두 눈으로 직접 본 마을 사람들은 전부 깜짝 놀랐다. 그렇게 성공한 '병천이표 인공 부화기'는 현재 종란 기준 부화율이 90% 이상이라고 한다. 그는 이 부화기를 이용해 오골계와 토종닭을 수만 마리 이상 부화시켜 분양했으며, 그중 토종닭 200여 마리는 직접 키우고 있다.

500개의 달걀을 기준으로 한 시중 부화기의 가격이 200~300만 원 정도 하는데, 그의 인공 부화기는 못 쓰는 음료수 냉장고 등을 재활용해서 만들었기 때문에 100만 원 정도만 투자하면 충분히 만들 수 있는 가성비 높은 제품이었다. 또 자동 온도 조절, 전란주기 설정, 절전 기능까지 있어 최첨단 인공 부화기로도 평가받고 있다. 훨씬 저렴할 뿐만 아니라 시중 부화기보다 부화율마저 높으니 단연 좋은 평가를 받을 수밖에 없다.

그의 이런 발명 이야기는 신문과 방송[2] 등 여러 언론 매체에 소개되었고, 그는 '병아리 에디슨'으로 이름을 떨쳤다. 그 덕분에 세계 최대 농산물 기업인 카길(Cargill)의 한국 법인 카길 애그리퓨리나의 장학생으로 선발돼 대학 등록금을 지원받아, 부모님의 경제적 도움 없이 공부에 필요한 학비를 직접 벌 수 있게 되었다. 버려진 물건으로 부화기를 만든 그가 앞으로 얼마나 더 근사한 결과물을 만들어낼지 기대가 되지 않는가?

—

5,000원으로
가난한 농부를 살린
스마트 닭장

화학자 손문탁 박사의 시골 닭장은 물과 사료 공급, 조명 조절은 물론이고 바닥 청소까지 자동으로 된다. 더욱 놀라운 것은 모든 장치들이 스마트폰으로 원격 제어된다는 사실이다. 천장에는 카메라도 설치돼 있어, 닭의 모습을 스마트폰으로 실시간 확인할 수도 있다. 한마디로 사물인터넷(IoT)이 구현된 4차 산업혁명 닭장이다.

손 박사는 이 스마트 닭장[3]을 만들기 위해 1년여 동안 직접 닭장과 닭을 관찰하면서 문제를 해결하는 방식으로 기능을 보완했다. 아이디어부터 앱 제작, 필요한 부품 금형

제작까지 모두 혼자 힘으로 해냈다. 특별히 제작비용이 들지도 않았다. 사료 공급기는 버려진 폐가스통에 가공한 쇠 파이프를 용접해 붙였고, 모터 축에 용접한 금속 날개인 스크루를 회전시키면 분당 600g 정도의 사료가 닭장으로 공급된다. 그리고 이 모터는 일종의 컴퓨터라고 볼 수 있는 아두이노(Arduino)로 제어한다.

그렇다면 손 박사는 왜 이런 스마트 닭장을 만들었을까?

"월 5,000원만 내면 첩첩산중, 허허벌판에서도 인터넷을 쓸 수 있다는 이야기를 들었어요. 그래서 '가난한 자의 사물인터넷' 프로젝트를 시작하게 됐죠. 가난한 농부도 막걸리 한 되 값으로 얼마든지 농장을 스마트하게 만들어 농업 생산성을 높일 수 있겠다는 생각에 가슴이 뛰었습니다."

화학자임에도 불구하고 어떻게 농업제품과 사물인터넷을 연결할 생각을 했을까? 사실 손 박사는 호주에서 박사과정을 밟을 때, 지도교수에게 '자급운동(Self-sufficient)'에 대한 이야기를 들었다. 여기서 말하는 '자급운동'이란 말 그대로 자체적으로 전기를 얻고 물을 재활용하는 등 과학기술을 활용해 시장에 의존하지 않는 방향을 모색하는 운동이다. 농업에는 관심이 없었던 그가 농업 사물인터넷에 관심을 가진 것도 이러한 영향을 받았기 때문이다.

하지만 전문가들이 쓰는 첨단 장비는 너무 비쌌다. 손문탁 박사는 "농부들이 농장의 데이터를 수집·활용하고, 농장 제어도 스마트하게 하면 좋겠다고 생각했지만 농업 사물인터넷에 반드시 필요한 센서 같은 게 너무 비싼 것이 문제."라고 지적했다. 그래서 자급자족 방식으로 최대한 적은 비용을 들여 농업의 과학화를 실천할 방법을 모색했다. 스마트 닭장은 그 결과물인 셈이다.

단순히 과학 지식을 많이 안다고 해서 좋은 과학자가 될 수 없다. 좋은 결과물을 얻으려면 방대하고도 정확한 데이터가 필요하고, 이를 위해서는 현실적으로 좋은 장비가 뒷받침되어야 한다. 그러나 좋은 장비는 비싸다. 그래서 과학은 결국 자본과 떼려야 뗄 수 없는 관계라고도 한다. 하지만 손문탁 박사의 프로젝트는 그런 편견을 보기 좋게 깨주었고, 우리에게 또 다른 희망과 가능성을 제시해주었다.

"과학이 선택받은 사람에게만 열린 문이 아니어야 한다고 믿습니다. '가난한 자의 유전자 증폭장치', '가난한 자의 입자 가속기' 같은 멋진 장비를 만들어서 적은 비용으로, 이 모든 게 창고에서 얼마든지 가능하다는 걸 보여주고 싶어요." 이는 비단 손문탁 박사의 간절한 소망만이 아니다. 그것이 가능할 때 비로소 우리의 미래도 더 나은 방향으로 나아갈 수 있다.

—

나사가 남부럽지 않은
36만 원짜리 우주선

2012년 영국 중부 우스터 시에 살던 19세 애덤 쿠드워스가 총 200파운드(한화로 약 36만 원)를 들여 스스로 제작한 장비로 고고도(高高度) 지구 사진을 촬영하는 데 성공하여 관심을 모았었다. 쿠드워스는 영국의 일간지 〈데일리 텔레그래프〉와의 인터뷰에서 "몇 년 전 다른 사람이 했던 실험을 재현해보고 싶었다. 단순한 취미가 아닌 나 자신에 대한 도전의 의미로 이 일을 했다."라고 말했다.

그가 언급한 과거의 과학 실험은 사실 모든 장비와 인력이 충분히 갖춰진 것이었다. 그러나 쿠드워스가 한 일은 얼마 안 되는 용돈 수준의 예산으로 오직 혼자서 이루어냈다는 점에서 의미가 있다. 실험 내용은 비슷해도 실행 과정은 전혀 다른 도전인 셈이다. 그는 어떻게 이런 도전을 결심하고 또 성공할 수 있었을까.

그는 우주선[4]을 발사하기 1년 6개월 전부터 차근차근 준비했다. 먼저 중고품 거래 웹사이트를 뒤져 필요한 부품을 모았다. 그렇게 디지털 카메라 1대, 전파발신기와 제어장치, GPS, 2m 길이의 라텍스 풍선이 차례로 그의 손에 들어왔다. 여기에 들어간 돈이 총 36만 원이었다. 그렇게 모은 중고품 장비를 가지고 약 40시간을 투자해 직접 조립했고, 마침내 우주선을 완성했다.

그는 완성된 무인 우주선을 풍선에 달아 하늘로 띄워 보냈다. 풍선은 기류를 타고 지구 상공 33.59km까지 올라갔다. 우주선은 장착된 카메라를 통해 사진을 촬영하고 관련 정보 등을 저장했다. 2시간 30분 동안 임무를 수행한 우주선은 그의 집에서 약 48km 떨어진 곳에 떨어졌다. 그러나 풍선에 부착된 전파발신기 덕분에 어렵지 않게 회수할 수 있었다. 비용 대비 효과가 정말 대단히 높은 실험이었다.

그가 만든 우주선은 대기권의 모습을 선명히 담아냄으로써 실험의 목적을 완벽하게 달성했다. 우주선이 촬영해온 사진들을 보면 비교적 낮은 고도에서는 흰 구름과 갈색 지형의 윤곽이 뚜렷했다. 반면, 높은 고도에서는 지구의 곡선을 따라 선명하게 형성된 푸른 안개 형태의 대기권이 잘 보였다.

만일 미국 항공우주국 나사(NASA)에서 같은 실험을 했다면 어땠을까. 결과를 떠나서 이런 사진을 얻기 위해 남들이 쓰다 버린 중고품으로 36만 원짜리 우주선을 만들 생각도 안 했을 것이고, 그렇게 해야 할 이유도 없었을 것이다.

쿠드워스의 36만 원짜리 우주선은
나사처럼 훌륭한 인력과 자원이 없어도
마음만 먹으면 얼마든지 소기의 목적을
달성할 수 있다는 가능성과 희망을
우리에게 보여주었다.

—

'빌리기의 달인'이
만들어낸 신화

평범한 듯하나 비범한 경영자 중 가장 눈에 띄는 인물은 단연 '스티브 잡스'이다. 그는 우리가 롤모델로 삼을 만한 가장 완벽한 '빈손의 창조자'이다. 창업 스토리부터 그가 만들어낸 혁신적인 제품들까지, 두루 살펴보면 있는 재료를 활용해서 어떻게 극적인 효과를 누릴 수 있는지 알게 된다.

수개월 동안 인도 북부 히말라야 일대를 여행했지만 기대했던 정신적인 만족을 얻지 못한 스티브 잡스는 귀국하여 전에 다녔던 비디오게임 회사인 아타리(Atari)에 복직한다. 이때 그는 천부적인 재능을 가진 엔지니어인 스티브 워

즈니악(Steve Wozniak)과 친분을 쌓는다. 그리고 자신의 장점인 뛰어난 사업 수완과 시장 감각을 살려나간다.

1976년, 마침내 두 사람은 스티브 잡스 양부모님의 주택 차고에서 애플을 공동 창업하기에 이른다. 처음에는 회로 기판만 있는 퍼스널컴퓨터 애플 I을 만들었으나, 퍼스널 컴퓨터 시장이 주목받게 되자 확장 슬롯을 붙이고 획기적인 운영체계를 적용하여 초보자도 쉽게 사용할 수 있는 애플 Ⅱ를 만들어 시장에 내놓았다. 이것이 우리가 아는 애플 신화의 시작이다.

스티브 잡스의 창업 스토리를 두고 아타리 회사의 창업자인 놀란 부쉬넬(Nolan Bushnell)은 자신의 저서인 《나는 스티브 잡스를 이렇게 뽑았다》에서 초기 애플 컴퓨터의 거의 모든 요소는 출처도 밝히지 않은 채 아타리의 것을 가져다 쓴 것이라고 주장했다.

하지만 스티브 잡스의 입장에서 긍정적으로 보면, 그는 이미 존재하는 부품들만 가지고 재조합하여 얼마든지 혁신적인 제품을 만들어낸 셈이다. 따라서 이미 존재하는 부품을 굳이 자기 회사 것으로 다시 만드는 데 시간과 비용을 낭비하지 않았다. 아마 이때부터 그는 새롭고 혁신적인 제품을 개발한다는 것과 이미 세상에 나와 있는 제품을 다시 만드느라 쓸데없이 시간 낭비하는 것은 분명히 구별해야 한다는 사실을 깨달았던 것 같다.

그는 오히려 창업자 둘이서 할 수 있는 역량은 극대화시키고 그렇지 않는 부분은 기존에 나와 있는 제품을 빌리고 재활용하는 방법으로 애플을 키웠다.

사실상 그가 아타리의 제품을 재활용했다고 해도 우리가 그의 생각과 제품을 혁신이라고 인정하는 까닭은 무엇일까. 그것은 경쟁우위 핵심이 무엇인지 일찍이 깨달은 잡스의 통찰력 때문이다.

지금 당장 세상에 필요한 물건이 무엇인가를 꿰뚫는 통찰력 말이다. 부품을 개발하고 실험하는 데 필요한 비용을 줄이고 저비용으로 신속하게 신제품을 출시하는 방법이 시장 경쟁력이라고 판단한 그의 통찰이 없었다면, 창조와 혁신의 상징인 지금의 애플도 없었을 것이다.

또 한 가지, 그가 만들어낸 엄청난 제품들 중 아이폰 이야기를 하지 않을 수 없다. 아이폰은 2007년, 출시 75일

만에 100만 대가 팔리며 스마트폰 시대를 화려하게 열었다. 제품 출시 당시 드라마틱했던 상황과 완전히 새로운 것만을 선호하는 스티브 잡스의 이미지 때문에 아이폰은 그 자체로 독창적인 제품인 것 같지만 사실 자세히 뜯어보면 과거 애플의 성공과 실패한 경험의 결합물에 가깝다. 있는 재료를 이리저리 조합해 만든 결과물이라는 것이다.

애플이 스마트폰을 개발하기 전 휴대전화를 출시했다는 것은 잘 알려지지 않은 사실이다. 2005년 모토로라와 합작으로 만든 휴대전화 '락커(ROKR)'가 그것이다. 하지만 락커는 음악저장 용량에 문제가 있었고 아이튠즈와 연동조차 되지 않았다. 또한 디자인을 중시하는 잡스의 눈에는 기존 휴대전화와 별다른 게 없는 평범한 디자인도 치명적인 문제였다.

결국 잡스는 모토로라와 결별하고 즉시 독자적인 휴대전화 개발에 착수한다. 이때 개발된 운영체제 iOS는 잡스가 애플을 떠나 설립했던 넥스트 사의 넥스트스텝 운영체제를 기반으로 개발한 매킨토시용 운영체제 맥OSx로, 터치 기반 모바일 기기에 최적화한 것이다.

1993년 개발된 애플의 첫 PDA인 '뉴튼' 메시지 패드는 지금의 스마트폰에 비해 덩치가 너무 컸지만 뛰어난 그래픽 유저 인터페이스(GUI)를 갖추고 있었고 터치스크린과 문자인식을 적용해 화면에 글자와 그림을 입력할 수 있었다. 하지만 과거 매킨토시처럼 소비자의 수준에 비해 시대를 지나치게 앞서갔고, 700~900달러로 가격도 너무 비싸 처참한 결과를 남기고 시장에서 사라졌다.

그러나 뉴튼의 개발인력은 고스란히 아이폰과 아이패드의 개발팀으로 흡수되어 오늘날 애플의 미래를 여는 데 중추적인 역할을 했다. 뉴튼이 확립한 액정 스크린에 글과 그림을 직접 입력할 수 있고 지식을 검색할 수 있는 휴대용 장치를 결합하여 이를 아이폰과 아이패드에 이식한 결과, 혁신적인 제품으로 재탄생한 것이다.

이렇게 보면 시대의 아이콘이 된 애플의 제품들은 사실 PDA '뉴튼'과 휴대전화 '락커'의 실패 경험과 버리기 아까운 제품들, 애플이 이미 가진 활용 가능한 자원들이 결합되어 탄생한 것이다. 일부 전문가들은 아이팟에 휴대전화, 카메라, GPS, 무선인터넷 기능을 얹은 것이 아이폰이라고 할 정도이다.

구글에서 제공하는 '구글 맵스'라는 지도 서비스 역시 온전히 그들만의 자원과 기술로 만들어진 것이 아니다. 구글은 라스무센 형제가 공동 설립한 웨어2 테크놀로지(Where2 Technology)에서 만든 지도 소프트웨어 원형 기술을 인수하여 웹 애플리케이션 형태로 변형하였다. 그리고 지리공간 정보 시각화 전문업체인 키홀(Keyhole)이라는 회사를 인수하여 이를 바탕으로 구글 어스(Google Earth)라는 위성영상 지도 서비스와 구글 지도를 개발했다. 한마디로 구글 지도 역시 외부에서 개발된 여러 기술을 변형하고 결합하는 과정을 거쳐 완성됐다는 뜻이다.

그렇다 보니 구글 지도의 개발에 들어간 비용은 상대적으로 낮을 수밖에 없었다. 이 애플리케이션 개발에 필요한 소프트웨어와 데이터의 대부분이 이미 존재하는 것이었기 때문이다, 또 나머지 데이터는 미국 국방부가 정보수집 목적으로 운영하던 인공위성이 찍은 사진들인데, 1996년 빌 클린턴 대통령이 비밀등급을 해제하면서 일반인에게 무료로 공개한 것들이었다.

구글 지도와 부동산 정보 사이트인 크레이그리스트 (www.craigslist.org)를 결합시킨 '하우징맵(www.housingmaps.com)' 사이트 역시 구글의 지도 API(Application Programming Interface, 응용 프로그램에서 사용할 수 있도록 운영체제나 프로그래밍 언어가 제공하는 기능을 제어하도록 만든 인터페이스) 코드를 해킹하여 만든 것이다.

구글 지도의 다양한 활용성을 고려해 이때부터 구글은 공개적으로 지도 API를 제공하기 시작했다. 현재 구글, 마이크로소프트, 아마존을 비롯하여 네이버, 다음, 알라딘 같은 국내 업체들도 자사의 콘텐츠를 외부에서 사용하여 새로운 서비스를 개발할 수 있도록 API를 공개하고 있다.

이런 방식으로 이미 존재하는 자원을 활용하여 새로운 서비스를 구축하는 사업들은, 개발 비용이 매우 적고 속도 역시 빠르다는 장점이 있다. 또한 기존에 활용 가능한 자원을 어떤 방식으로 결합하고 기능을 부여하는지에 따라 결과물의 창의성이 얼마든지 보장되기 때문에 좋은 평가를 받는다. 내 것을 공개해서 그것을 더 크게 만드는 사고, 이것은 가치의 창조적 확대로 이어진다.

지금은 과거에 비해 다양한 범용 기술들을 쉽게 결합할 수 있고, 실제 사용자들에 의해 직접 검증된 기존 부품들을 쉽게 구할 수 있다. 이제 이러한 기술이나 부품을 재조합하여 몇 가지 차별화된 기능이나 독특한 서비스 요소만 만들어내도 훨씬 혁신적으로 보이는 신제품을 만들 수 있다.

그렇다면 경쟁력 측면에서 많은 비용을 들여 기술 개발을 해야 할 필요가 있을까? 물론 원천 기술 개발이 중요하지만 그보다 이미 있는 기술을 창의적으로 결합해 신제품을 만들어내는 것이 시간과 비용 면에서 훨씬 경제적이고 중요하다. 그래서 많은 개인과 기업이 점점 더 이런 방식을 추구하고 있다. 바로 이것이 스티브 잡스로부터 시작된 현재 글로벌 정보통신기술(ICT) 기업들의 혁신 전략이다.

지금 당장 세상에 필요한 것이 무엇인가.
가진 것으로 신속하게 만들 수 있는가.
이것들을 알아채는 통찰력을 지닌 자만
살아남는다.

—

천하만물은
무(無)에서
생겨나는 법이다

天下萬物生於有 有生於無(천하만물생어유 유생어무).

《도덕경》에 나오는 구절로, 천하만물은 유(有)에서 생겨나
지만 그 유(有)는 무(無)에서 생겨난다는 말이다. 깊은 밤 저
너머에 세상을 밝힐 아침의 씨앗이 커가고 있으며, 추운 겨
울 들판에는 따뜻한 봄기운으로 세상을 뒤덮을 생명의 씨
앗이 웅크린 채 살아 숨 쉬고 있다는 의미이기도 하다.

이 말은 무(無)와 유(有)의 상생 원리를 설명할 때 주로 쓰
인다. 이 말을 경영의 관점에서 풀어보면 무슨 뜻일까. 목
표 실행에 필요한 돈이나 인재, 기술 등 여러 자원이 없는
궁핍한 상황에 처해 있더라도 실행하려던 사업을 포기하지

마라. 그 안에 희망의 단초가 살아 숨 쉬고 있으니. 이 정도의 뜻이 되겠다.

솔직히 가진 것이 많으면 연구개발도 더 많이 할 수 있고 시장을 선점하는 데 유리한 것도 사실이다. 하지만 그것만이 혁신이고 창조가 아니라는 것을 우리는 앞서 많은 사례를 통해 확인했다. 자본이 부족하고 장비가 허름해도 포기하지 않고 창조적인 삶을 사는 사람은 얼마든지 있다.

그런 측면에서 이 말을 다시 해석해본다면 어떤 의미로 받아들일 수 있을까. 세상 어디에도 없다는 의미의 무(無)가 아니라 아무것도 없는 열악한 조건을 무(無)라고 생각한다면, 무(無)에서 유(有)를 창조한다는 의미는 이렇게 해석될 수 있다.

'세상에 존재하지 않은 어떤 것, 전혀 새로운 무언가를 만들어내는 것이 아니라, 열악한 조건 속에서도 의미 있는 무언가를 만들어내는 것.' 이것이야말로 지금 우리에게 필요한 혁신이다. 그 미완성의 과정들을 통해 비로소 완성형에 가까운 창조적 혁신이 가능해지기 때문이다.

'없다'는 열악한 조건을 받아들이며 포기 대신 근성을 가지고 덤빈 사람, 자기 일을 즐겁게 했던 사람, 가지고 있는 자원의 쓰임새에 대한 고정관념을 창조적으로 파괴한 사람들 중에 성취를 이뤄낸 사람들이 많다. 실제로 기라성 같은 애플이나 구글도 다 그런 과정을 거쳐 만들어졌다. 또한 이런 사람들만이 글로벌 ICT 산업을 이끄는 신조류가 된다.

chapter 3

'창의'의 재탄생

감춰진 '빅 카드'

—

없다고 해서
포기해야만
하는가?

《가진 자와 못 가진 자》는 1930년대 실업자가 쏟아져 나왔던 세계 대공황을 배경으로 한 헤밍웨이의 첫 사회소설이다. 그는 경제 파탄과 그에 따른 실업이 착하고 성실하게 살아온 많은 사람들을 어떻게 파괴하는지 주인공의 삶에 빗대어 생생하게 그려냈다.

주인공 해리 모건은 순박한 뱃사람으로, 짐을 나르거나 청새치를 낚아 아내와 세 딸을 먹여 살린다. 하지만 대공황과 그로 인한 대량 실업은 모건의 일감을 통째로 앗아간다. 그는 먹고살기 위해 할 수 없이 주류 밀수에 손을 대는데, 그것이 잘못되는 바람에 유일한 생계수단인 작은 배 한 척

마저 압류당한다. 점점 궁지에 몰리자 급기야 그는 배를 훔쳐내 쿠바인 은행털이가 밀항하도록 돕는 범죄에 가담하게 된다. 결국 추격해온 경찰의 총에 맞아 비참한 최후를 맞이하게 된 해리 모건은 아내인 메리와 딸들의 간절한 기도에도 불구하고 애처롭게 죽어간다.

실제로 그 당시 사회에는 주인공보다 더한 처지에 놓인 사람들도 많았을 것이다. 졸지에 생업을 잃고 길바닥에 나앉았는데, 그 절망감과 상실감이 얼마나 컸겠는가. 아마 자포자기해 서서히 죽음을 기다리는 이도 있었을 것이다.

그러나 죽는 게 말처럼 쉬운 일이 아니다. 숨이 붙어 있는 한 살려고 발버둥을 치는 것이 인간이기 때문이다. 또 집에서 자신을 기다리는 가족들이 있다면? 죽고 싶어도 마음대로 죽을 수도 없다. 그렇기 때문에 비굴해도 가진 자에게 구제나 도움을 바라거나, 해리 모건처럼 생존을 위해 수단과 방법을 가리지 않고 범죄에 뛰어들기도 한다.

하지만 가족과 자신의 생존을 위해서라고 해도 범죄는 범죄일 뿐이다. 더군다나 사회 정의, 법률, 규범 등 인간의 행동을 제어하는 그 어떤 사회적 시스템도 못 가진 자보다는 가진 자의 이익 보호를 우선시한다. 헤밍웨이 역시 이 작품을 통해 단순히 한 범죄자의 최후를 보여주려고 했다기보다 이런 최악의 상황에 놓였을 때 선량하고 평범한 수많은 사람이 어떤 선택을 할 수밖에 없는지를 더 보여주고 싶었던 게 아닌가 싶다. 그렇기 때문에 후일 비평가들 사이에서 헤밍웨이의 작품 중 사회성이 가장 짙게 배어 있는 수작이라고 평가된 것이 아닐까?

어찌되었든 여기에서는 작품성에 대한 평가보다는 못 가진 자로 대변된 해리 모건의 선택을 좀 더 눈여겨보려 한다. 못 가진 자는 이렇듯 상황에 내몰리면 어쩔 수 없는 선택을 하거나 포기해야만 하는 걸까? 왜 이럴 수밖에 없는 걸까?

당신이 만약 모건이라면, 어떤 선택을 하겠는가?

포기하겠는가? 환경 탓만 하고 있겠는가?

우리에게 그보다 더 가치 있고 우리 삶을

멋지게 뒤바꿀 만한 새로운 선택지가 있다면

당신은 어떻게 하겠는가?

못 가진 자가
악순환을 끊어낼
선택지

자본주의 산업사회에서, 가진 자와 못 가진 자를 구분하는 가장 확고한 기준은 뭘까. 당연히 '자본'이다. 특히 '기업의 규모'로 한정해서 본다면 우리에게 가장 익숙한 형태는 '대기업'과 '중소기업'이다. 그래서 일반적으로 대기업과 중소기업의 관계를 강자와 약자의 관계로 본다.

중소기업은 선진국이나 후진국 가릴 것 없이 대기업에 비해 어려움이 많다. 기업 유지를 위해 반드시 필요한 자금, 인력, 기술, 정보량 등 그 모든 면에서 말이다. 시스템도 상대적으로 취약하고 대기업의 하청을 받는 경우가 많기 때문에 대기업 의존도도 높은 편이다. 그래서 불합리한 관계가 성립하는 경우가 많다.

누군가는 '당장은 규모가 작더라도 시장에서 발전 잠재력이 크다고 평가받는다면 꼭 불리하다고만 보기 어려운 것 아닌가.' 생각할 수도 있다. 하지만 그 잠재력을 펼치기 위해서는 무엇보다 자금이 필요한데, 이 자금을 확보할 때 중소기업은 언제나 대기업보다 불리할 수밖에 없다. 정부의 개입이 없다면 어떤 조건을 가지더라도 금융시장에서 자금을 적게 공급받을 수밖에 없는 구조이기 때문이다.

이를 두고 시장 실패가 발생했다고 하는데, 쉽게 말하면 신용도가 낮은 기업에는 위험도를 가산한 높은 금리를, 신용도가 높은 기업에는 우대 금리를 적용하여 금리 수준에 따라 자금 공급 규모가 결정되는 시장의 원리가 작용해서다. 중소기업 지원을 위한 별도의 정책 자금을 마련해야 하는 이유가 여기에 있다.

그렇다면 왜 이런 시장 실패가 일어나는 것일까? 주요 원인으로는 '정보의 비대칭성(information asymmetry)'을 꼽을 수 있다. 이는 거래 관계에 놓인 두 당사자 중 한쪽만 거래에 필요한 정보를 갖고 있는 것을 의미한다. 예를 들어 중고차를 사려고 한다고 해보자. 이때 거래 관계 당사자는 판매자와 소비자다. 이들 중 자동차 결점에 대한 정보를 누가 더 많이 가지고 있을까? 당연히 판매자다. 그러면 구매자는 이 정보의 차이를 줄이기 위해 어떻게 할까? 판매자에게 품질 보증서를 요구하게 된다.

이를 다시 금융시장에 대입해 살펴보자. 한 중소기업이 은행에서 대출을 받으려고 한다. 여기에서 거래 관계자는 대출을 받으려는 중소기업과 돈을 빌려줘야 하는 은행이다. 은행 입장에서 보면 당연히 기업의 신용도를 판단할 만한 근거 자료가 필요할 것이다. 하지만 중소기업에 대한 실질적인 정보가 부족하다. 왜일까?

대기업의 경우 언론에 보도되는 사업 현황, 공시된 재무제표 등 기업 가치와 사업 전망, 신용도를 판단할 만한 자료를 쉽게 구할 수 있다. 그런 자료를 취급하는 전문 부서도 기업 안에 존재한다. 하지만 중소기업은 사업이나 조직 규모가 크지 않고 당장 주어진 사업에 사활을 걸기 때문에 이런 정보를 체계적으로 취급하기가 역부족이다. 따라서 금융기관과 중소기업 사이에 정보의 차이가 발생하게 된다.

이때 중소기업이 대출을 신청하면, 은행은 중소기업의 사업 전망이나 신용도를 판단할 자료가 부족하기 때문에 정보의 비대칭성(두 관계에서 발생한 정보의 차이)을 완화할 만한 어떤 수단을 요구하게 된다. 신용도가 떨어지는 기업에 일반적으로 적용하는 위험도 가산 고금리보다는 확실한 담보를 요구하게 되는데, 이것 역시 그 수단 중 하나인 셈이다.

문제는 바로 여기서 발생한다. 은행이 대출 조건으로 기업에 담보를 요구하면 대출 금리 자체가 제 기능을 충분히 발휘할 수 없게 되기 때문이다.

중소기업이 은행에 높은 대출 금리를 줄 의사가 있어도 아무 소용이 없다. 대출 금리 수준이 아닌 담보 능력에 따라 원하는 만큼 대출을 받을 수 있느냐 없느냐가 결정되기 때문에, 상대적으로 담보 능력이 취약한 중소기업의 경우 계속 자금을 적게 공급받을 수밖에 없는 것이다.

또 어찌어찌하여 다행히 은행에서 대출을 받아도 은행이 요구한 '두 관계 사이의 정보의 차이'를 줄이기 위해 중소기업은 추가 비용이 발생한다. 가령 자금 담당 부서를 확장하여 은행이 요구하는 사업 전망과 신용 정보를 정기적으로 보고해야 한다. 부서 확장부터 추가 업무까지 모든 것이 추가로 발생하는 비용에 해당한다.

그러면 대기업으로 성장하기보다는 계속 중소기업으로 남거나 별다른 기회를 잡지 못한 채 시장에서 사라질 가능성이 훨씬 높아지게 된다. 돈이 없는데 신기술이나 탁월한 능력을 가진 인재와 귀중한 사업 정보를 어떻게 얻겠는가. 결국 못 가진 사람일수록 계속 못 가지는 악순환이 발생한다.

여기에 그들이 겪는 심리적인 요인도 크게 작용한다. 피할 수 없거나 극복할 수 없는 환경에 반복적으로 노출되면 사람은 위축되거나 부정적으로 판단하거나 쉽게 포기하려고 한다. 실제 자신의 능력으로 피할 수 있거나 극복할 수 있는데도 자포자기하고 마는 것이다. 이를 심리학에서는 '학습된 무력감(learned helplessness)'이라고 한다.

'학습된 무력감'은 1975년 미국의 심리학 박사인 마틴 셀리그먼(Martin Seligman)이 처음 발표했다. 그는 "사람이나 동물은 자신의 환경을 통제할 수 없게 되면, 통제하려는 시도 자체를 포기하는 법을 학습한다."라고 했다. 무기력도 학습된다는 것이다.

그의 말에 따르면 사람은 싫어하는 어떤 상황이 벌어질 것을 미리 알게 되었을 때, 그 상황의 결과에 대해 예측한다. 이때 자신의 노력이 그 결과에 어떤 영향도 미치지 못하거나, 자신이 미래의 결과를 통제할 수 없다고 판단하면, 무기력을 느낀다.

이는 셀리그먼이 고전학습이론을 연구하던 중 피할 수 없는 전기충격을 받은 개들을 대상으로 후속 실험을 진행했는데, 충격을 피할 수 있는 상황에서도 피하려 하지 않는 개들을 보고 발견하게 된 개념이다.

이런 학습된 무력감은 우리가 겪는 여러 상황에 대입해도 똑같다. 어떤 학생이 학습과정에서 원하는 만큼 성취감을 느끼지 못하고 자꾸 실패한다면, 자신의 잠재력을 거의 발휘하지 못할 뿐 아니라 쉽게 학업을 포기하려고 한다.

경영의 상황에서도 마찬가지다. 기업가가 장기적인 경기침체로 계속 어려움을 겪었거나, 거듭 사업 실패를 했다면 실제 기회가 온다고 해도 이를 스스로 포기할 가능성이 높다. 왜냐하면 그에게 주어진 기업환경은 늘 우호적이지 않고, 그가 어떠한 노력을 한다 하더라도 성공보다는 실패할 확률이 훨씬 높기 때문이다.

미국 트럼프 정부가 들어선 이후 그에 대한 높은 지지율을 보인 백인 빈곤층이 세계적으로 주목을 받았었다. 이들을 다룬 J. D. 밴스의 《힐빌리의 노래》는 백인 하층민의 문화를 적나라하게 드러낸다. 마약중독, 일상적인 폭력, 붕괴된 가족, 롤모델의 부재, 게으름, 배타성, 남 탓하기 등⋯. 심지어 어떤 사람은 군대에서 규율과 자기 억제를 처음 배웠다고 토로한다. J. D. 밴스는 이 문화의 근원에 학습된 무력감이 자리하고 있으며, 이것이 가난을 대물림하게 만든다고 분석한다.

한국에서는 사회학자 조은이 이와 유사한 연구를 했다. 1986년부터 25년간 사당동 재개발 지역 빈민 가정의 생활사를 관찰하여 《사당동 더하기 25》를 펴낸 것이다. 그가 바라본 이들도 가난을 탈출하기가 어려웠지만 조은은 이들을 보면서도 빈곤 문화란 없다고 단정하고 이것은 가난의 결과지 원인이 아니라고 결론 내린다. 사당동 빈민의 가난도 결국에는 학습된 무력감의 결과라는 것이다.

이렇듯 못 가진 사람이 실패하거나 억압받는 상황, 기회조차 쉽게 얻을 수 없는 열악한 상황에 자꾸 내몰리면 선택지 역시 부정적일 수밖에 없다.

—

'비장의 한 수'가
되어줄
제3의 선택

개인이나 중소기업이 자금, 인력, 재료, 기술, 정보 등 각종 보유 자원상의 취약함을 무릅쓰고 무엇인가를 해야 할 때, 그들은 어떤 선택을 할 수 있을까? 아마 이런 환경 속에서 취할 수 있는 선택지란 크게 3가지 정도가 있을 것이다.

첫째, 앞서 말한 것처럼 가진 것이 없거나 학습된 무력감 때문에 '눈앞의 기회나 도전을 포기'하는 것이다. 부동자세로 '현상 유지'를 하거나 새로운 기회를 회피하고 무시하는 행동이 모두 이 경우에 포함된다.

특히 1980년대 미국 기업과 그 영향을 받은 기업들이 이에 해당한다. 미국 기업인들은 새로운 경영 아이디어가 폭 포처럼 쏟아져 나왔던 1980년대를 미국 기업의 전성기로 봤다. 전사적 품질 관리(TQM, Total Quality Management program), 기업 구조조정(Restructuring), 조직 재충전(Reengineering) 등 다방면으로 새로운 경영혁신 아이디어를 채택할 때, 1980년대 미국 기업들과 그 영향을 받은 기업들은 자신의 기업이 세계적으로 강력한 리더십을 발휘할 정도로 국제 경쟁력을 갖추고 있다고 믿었다. 그래서 자신들이 할 수 있 는 최악의 선택을 피하려면 새로운 변화를 추구하지 않고 '현상 유지'를 해야 한다고 굳게 믿었다.

기업이 급변하는 환경과 새로운 흐름에 둔감하고 변화를 모색하기보다는 제자리에 멈춰서 있으려 하는 이유는 간단 하다. 그것이 더 편하고 쉽기 때문이다. 그러나 이런 선택 으로 과연 새롭게 도약할 수 있는 기업이 몇이나 될까. 이 들에게 미래가 없음은 자명하다.

두 번째 선택지는 '외부에서 자원을 획득'하려 노력하는 것이다. 많은 혁신 기업들이 자원의 한계를 극복하려 이 방 법을 쓴다. 가령 금융기관에서 부채를 얻거나 증자를 통하여 자금을 확보하는 것이다. 이 자금으로 기업에 필요한 연구개발 활동을 하거나 기술사업화를 추진한다.

하지만 일부 신용도가 낮은 신생 벤처기업이나 중소기업들의 경우, 생각대로 자금 확보를 하기가 쉽지는 않다. 또한 어렵게 자금을 확보하더라도 그 규모가 너무 무리한 경우라거나 기대한 만큼 사업 기회를 살리지 못해 성과를 내지 못하면 과도한 부채 때문에 기업이 도산하거나 주인이 바뀔 수 있다. 실제로 우리는 그런 모습을 자주 보지 않았는가.

마지막으로 세 번째 선택지는 '빈손의 창조자'들처럼 행동하는 것이다. 헤밍웨이의 작품에 등장한 주인공 해리 모건처럼 궁지에 몰린 사람들의 선택지는 보통 굴복, 현상 유지, 복종, 파업, 불리한 협상 등 한정적이고 부정적이다. 상황을 벗어나려 애를 쓰지만 힘의 논리 때문에 결국 좌절하는 경우가 많아서다.

하지만 이런 선택지밖에 없을까? 아니다. '빈손의 창조자'들처럼 주어진 것만 가지고 머릿속에 있는 아이디어를 눈에 보이는 현실로 만들어내면 결과는 달라진다. 포기하지 않고 근성을 가지고 덤비면 상황을 바꿀 수 있다. 이는

못 가진 자들에게 주어진 제4의 선택지이자 최고의 대안이

될 수 있다. 왜냐하면 그것은 상황이나 판도를 바꾸는 방법

이기 때문이다.

　가진 자에 굴복하지 않고 그들을 뛰어넘을 수도 있는 방

법, '히든 카드'로서의 잠재성까지 가지고 있는 '비장의 한

수'가 될 수 있다.

계속 실패하고 좌절하는 상황이 이어지면
사람은 눈앞의 기회도 쉽게 포기해버리곤 한다.
하지만 그럴수록 두려워하거나 주저하지 마라.
절박함을 무기 삼아라. 당신의 잠재력이
빛을 발하여 최고의 대안을 찾을 것이다.

없다는 것은
기회지,
부끄러운 게 아니다

 '빈손의 창조자'들은 시스템의 한계에 굴복하지 않고, 학습된 무력감에 빠지지 않은 채 어떻게 이런 혁신적이고 도전적인 생각을 해낼 수 있었을까? 없는 것으로 따지면 누구에게도 뒤지지 않았으나 지금은 시장을 선도하는 리더로 손에 꼽히는 마윈에게서 그 사고방식을 배울 수 있다.

 중국 최대 전자상거래 기업인 알리바바가 2014년 9월 19일 미국 뉴욕 증시에 상장해 '대박'을 친 일은 이제 누구나 아는 전설이 되었다. 첫날 공모가가 68달러였지만 이후 장중 100달러까지 육박했다. 이는 미국 기업공개 역사상 가장 높은 기록으로 같은 전자상거래 기업인 아마존과 이베이를 합친 것보다 훨씬 높은 가치였다.

상장 당시 알리바바의 시가 총액은 2,314억 달러(한화 241조 원)로, 뉴욕 증시 시가 총액으로 봤을 때 전 세계 유수의 IT 기업을 제치고 14위를 달성했다. 설립자 마윈 회장의 재산은 400억 달러(약 45조 원)로 추산되며, 그는 단숨에 중국에서 제일가는 부자가 됐다.

하지만 알리바바와 마윈의 전설은 아직도 현재진행형이다. 알리바바를 통한 거래는 중국 국내총생산(GDP)의 2%에 이르고, 중국 국내 소포의 70%가 알리바바 관련 회사들을 통해 거래된다. 또한 중국 국내 온라인 거래의 80%가 알리바바 계열사들을 통해 이루어지고 있다. 그런데 이는 시작에 불과하다. 아직 중국 인구의 절반이 인터넷을 사용하지 않고 있으며, 온라인 거래를 하는 사람이 현재 7억 명(2017년 기준) 정도뿐이기 때문이다.

성장 규모로 보면 세계 최대의 온라인 시장인 미국과 어깨를 나란히 하고 있다. 최근 미국과의 무역 전쟁으로 성장세가 주춤한 상태이지만 알리바바가 앞으로도 주목할 글로벌 거대 기업이라는 점에 이견을 달 사람은 없을 것이다.

그리고 이런 엄청난 기업 가치를 가진 알리바바를 키워낸 마윈은 더 대단한 위인이다. 그에 관한 이야기를 할 때마다 빠지지 않는 단골 메뉴가 몇 가지 있다.

160cm도 되지 않는 작은 키, 외모 때문에 면접에서 떨어질 정도로 못생긴 얼굴, 특별하지 않는 학벌, 지독하게 가난했던 어린 시절, 숱한 역경을 극복한 인간 승리…. 그중에서도 가장 주목해야 할 것은 삶을 대하는 그의 태도다.

그는 능력보다 태도가 중요하다는 믿음을 가지고 있었으며, 불확실하고 변화무쌍한 미래야말로 무엇 하나 가진 것 없는 자신 같은 사람에게 오히려 진정한 기회를 줄 것이라 확신했다.

그래서 그는 가진 것이 없었으나 그 상황에 안주하거나 좌절하지 않고 언제나 변화에 가장 민감하게 반응하여 그 변화에 맞춰 진화하려 노력했다. 그 덕분에 이미 1990년대에 앞으로 사람들의 거래 형태가 온라인을 통해 이루어질 것이라고 직감하고 수많은 시행착오를 거친 끝에 온라인 거대 기업인 지금의 알리바바를 키워냈다.

가진 것 없는 마윈을 세계 누구보다 강한 마윈으로 변화시킨 힘, 그 성공 비결의 중심에는 '3무(無) 정신'이 있다.

1. 돈이 없었다. 그래서 아이디어에 매달리고 혁신을 꾀할 수밖에 없었다.
2. 기술이 없었다. 그래서 기술자들을 존중해야만 했다.
3. 계획이 없었다. 그래서 시장의 환경 변화에 빠르게 대처할 수 있었다.

돈과 기술, 계획이 없었다는 것이 성공 비결이 될 수 있을까? 이것만 보면 좀 의아하다. 자신의 성공을 한 편의 멋진 드라마로 그려내려는 마윈 특유의 쇼맨십인가? 꿈보다 해몽이라고, 단지 운이 좋았던 한 사람의 성공 스토리를 이런 식으로 각색한 것일까? 그런 게 아니라면 뛰어난 두뇌를 가진 것도, 돈과 배경이 있었던 것도 아닌 마윈이 하필이면 '3무(無)'를 자신의 성공 비결로 내세운 이유는 무엇일까?

스타트업이 생존하고 성장하는 방식은 불확실한 미래와 싸워 결과를 만들어내는 과정의 연속이다. 그리고 그 과정

안에서 성공하기 위한 핵심은 빠른 변화에 대한 적응력과 속도에 달려 있다.

실제 세계적으로 성공을 거둔 위대한 창업가들이 이런 방식으로 살아남았다. 그리고 그들은 하나같이 마윈처럼 가진 것이 없었으나 그 없음을 부끄러워하거나 두려운 것이라 여기지 않았다. 필요한 뭔가가 없다고 슬퍼하거나 변명하거나 상황을 탓하는 대신 살아남기 위하여 그 없음을 채울 창의적인 대안을 마련하는 데 더 많은 시간을 투자했다.

이러한 생존 투쟁에서 혹독하게 훈련하고 창의적인 대안으로 실패를 극복한 창업가들은 '학습된 무력감'에 빠지는 대신 자신감을 얻는다. 또한 자신에게 주어진 환경인 '없음'을 오히려 기회이자 새로운 대안을 찾아내는 원천이라 믿는다. 마윈은 그런 생각을 했던 위대한 창업가들 가운데 한 사람일 뿐이다.

돈이 없었기 때문에 더 아이디어에 매달리고
혁신을 꾀할 수밖에 없었다. 기술이 없었기
때문에 기술자들을 존중해야만 했다.
계획이 없었기 때문에 시장의 환경 변화에
빠르게 대처할 수 있었다. 없을수록 마윈의
이 '3무(無) 정신'을 기억하라.

—

트랜스포머를
만드는
사고

몇 년 전 텔레비전 프로그램에 나온 한 농사꾼이 눈길을 사로잡았다. 충청북도 옥천에 사는 노완수 씨다. 그는 동네에서 모르는 사람이 없을 정도로 유명 인사이다. 7,000평 규모의 사과 농사가 잘된 탓일까? 아니다. 기발한 발명가이기 때문이다. 그는 필요한 농기구가 있으면 설계도도 없이 무엇이든 척척 만들어낸다.

그가 만든 제초기를 가까이 가서 이리저리 뜯어보면 영화 '트랜스포머'에서나 나올 법한 모양을 하고 있다. 일단 차체의 기본은 고물 경운기다. 거기에 햇볕을 막아주는 가리개는 청소기 손잡이를 이용해 만들었고, 4방향 전자조정 제초용 칼날이 달렸다.

그밖에도 칡 세척과 칡즙 추출을 하나의 공정으로 해내는 기계, 자동식 깨 분리기, 유압식 장작 패는 기계 등 무엇이든지 그의 손만 거치면 모든 고물이 기발한 농기계로 재탄생된다. 뛰어난 아이디어만 가지고 있는 게 아니라 주어진 재료를 활용할 줄 아는 진정한 '빈손의 창조자'다.

그런 그가 새로운 기계를 만드는 모습을 관찰해보면 그 과정은 더 흥미롭다. 그는 농기구를 만들기로 작정하면, 맨 먼저 집 마당 한구석에 잔뜩 쌓인 플라스틱 통, 녹슨 기계 부품 같은 잡동사니를 뚫어지게 바라본다. 그리고 뭔가를 골똘히 생각한다. 점잖게 팔짱을 낀 채 눈만 껌벅이며 한참 동안 깊은 생각에 잠기는 것이다. (사실, 그의 아내는 이런 순간을 가장 싫어한다. 그가 이런 자세로 뭔가를 생각하는 순간, 잡동사니를 가지고 또 무슨 일을 저지르겠구나 싶어서다.)

그는 잡동사니 속에 섞인 녹슨 자전거 부품의 요모조모를 한참 뚫어지게 살피다가 뭔가 결심이 선 표정을 짓는다. 그러더니 다른 몇몇 부품을 이용해 필요한 물건을 만들어낸다. 밭 둘레에 깔린 은박지를 감아서 걷어내는 기계, 주방에 있는 식기세척기, 식탁 위에 놓인 회전식 주방기기 걸이도 전부 그런 방식으로 만들어낸 것이다.

그렇게 만들고도 그는 끊임없이 마당에 널린 고물 부품으로 머릿속에만 있는 아이디어를 어떻게 구현해낼지 상상한다. 그리고 즐거워한다. "앞으로도 필요하면 얼마든지 기계를 만들고 다른 사람들도 돕고 싶어요. 그게 저를 행복하게 합니다."라고 말하는 것을 보면 그는 타고난 발명가임에 틀림없다.

그를 보면 '빈손의 창조자'가 아이디어를 구현할 때 어떤 식으로 생각하고 접근하는지 알 수 있다. 먼저 그들은 자신이 다루는 재료들을 어떻게 써야 할지 해박한 지식을 가지고 있다. 비록 그 재료가 녹슨 자전거나 고장 난 경운기 등 고물 잡동사니라고 해도 말이다.

노완수 씨의 경우도 마찬가지였다. 그는 제초기나 우물 파는 기계를 만들 때 이미 그 재료가 될 기계 부품의 기능과 작동 원리, 크기와 형태에 대해서 잘 알고 있는 상태였다. 그래서 머릿속에 그린 기계에 어떤 쓰임이 필요한지,

그 쓰임을 대체할 만한 부품이 무엇인지, 이것들을 어떻게 연결시킬지 알 수 있었던 것이다.

'빈손의 창조자'는 이처럼 이미 있는 재료들의 새로운 조합을 연구하며 시행착오를 거듭한다. 이런 과정이 반복될수록 학습이 되기 때문에, 점차 시행착오는 줄어들고 자신이 원하는 모양에 가깝게 만들어낼 수 있다.

—

경험은
'발명'의
퍼즐 조각이 된다

구효서 작가의 《인생은 지나간다》는 어린 시절부터 사용하던 20가지 사물들에 대한 단상을 모아놓은 산문집이다. 텔레비전, 세고비아 음반, 거울, 자동차, 연필, 시계, 담배…. 주로 작가의 머릿속에 깊이 새겨진 어떤 특별한 상념과 연결된 사물들이다. 이 20가지 사물들과 그에 관한 생각들은 선생의 지나온 삶의 퍼즐 조각 같다.

물론 나에게도, 그리고 이 책을 읽고 있는 당신에게도 어떤 추억이 떠오르는 사물이 분명 있을 것이다. 거기에 그 사물의 본질을 꿰뚫는 직관력까지 작동하면, 다른 사람은 생각하기 불가능한 어떤 사고의 과정이 일어나게 된다.

가령 나는 나팔꽃을 보면, 어릴 때 툇마루 창문 너머로 바로 보이던 시멘트 담에 잔뜩 피어 있던 나팔꽃들이 생각난다. 그리고 옛집의 모습과 곳곳의 풍경들이 함께 떠오른다. 마치 그곳을 구석구석 다니듯, 아니면 한 편의 동영상을 보듯 아주 자세히 그려진다. 또 어머니가 갖고 계시던 아주 오래된 구식 주판을 보면, 태어나서 처음으로 셈법을 배우던 때가 자연스레 떠오른다.

이런 연상 과정은 개개인의 경험이 작용하기 때문에 다른 사람은 경험할 수 없는, 오직 나만의 것이라 할 수 있다. 심리학자 장 피아제는 우리가 어릴 때부터 마주하는 사물을 통해 숫자, 공간, 시간, 삶에 대해 사고하는 방법을 배운다고 말했다. 그만큼 우리의 학습 과정은 구체적이고 개인적인 것이라는 얘기다.

미국 매사추세츠 공과대학교 교수이자 기술심리 분야 선구자인 셰리 터클은 그녀의 자전적 에세이 《내 인생의 의미 있는 사물들(Evocative Objects)》에서 어렸을 적 보았다가 우연히 벽장에서 찾아낸 오래된 열쇠고리, 엽서, 그리고 뭔가를 잔뜩 적어놓은 메모들이 어릴 때 헤어진 아버지를 연상하는 퍼즐 조각이었다고 고백한다.

그 사물들은 잃어버린 아버지를 떠오르게 하는 극도로 짙은 감정을 불러일으키고 머릿속에 그녀만의 아버지 모습을 그려내게 했다. 그래서 온갖 오래된 잡동사니들이 가득 널린 벽장은 그녀에게 시간과 공간을 초월한, 무한한 감정의 깊이를 지닌 보물 창고 같은 것이었다.

훗날 그녀는 이를 두고 사물이 '사고를 촉발하는 수단(goods-to-think-with)'이라고 설명한다. 그녀에게 '열쇠고리, 엽서, 메모가 곧 아버지'를 연상시킨 것처럼, 아무 상관이 없을 것 같은 사물들이 사고의 수단이 되어 전혀 다른 생각을 끄집어낸다는 것이다.

그런데 '빈손의 창조자'들이 사고하는 방식도 이와 매우 비슷하다. 어떤 사물을 경험하고, 그 사물의 쓰임을 생각한 다음 그 경험과 쓰임을 연상시켜 전혀 다른 뭔가를 만들어내지 않는가.

자신의 경험과 사물의 구체적 쓰임을 연결시키는 능력, 그것을 조합해 새로운 역할과 기능을 부여하는 능력, 이것을 통해 자신의 아이디어를 구체적으로 구현해내는 능력.
이런 사고능력이 엄청난 트랜스포머를 만들어내는 씨앗이
되는 셈이다.

—

정교한 설계도는
과감히
버릴 것

우리는 '엔지니어링 사고'에 익숙하다. 엔지니어링이란 쉽게 말하면 생산 목적에 따라 설계하고, 어떤 자원을 그에 맞게 가공하여 체계적으로 구성하는 것이다. 이때 중요한 것은 '경제성'이다.

다음 그림은 가장 일반적인 형태의 엔지니어링 과정을 설명한다. 먼저 만들어질 대상물을 기획하고(문제해결 목표의 설정), 예상 결과물(제품)이 경제성이 있는지 가늠한다. 그러고 나서 기본 설계를 한다. 설계도면에 따라 필요한 재료와 도구를 구매하면, 생산에 들어간다. 마지막으로, 만들어진

〈일반적인 엔지니어링 과정〉

대상물이 기획한 대로 작동하는지 시운전을 해보고 검사한다. 이 과정은, 비단 어떤 제조물을 생산할 때뿐만 아니라 현대사회에서 어떤 문제를 해결하고 목표를 달성할 때도 사용하는 사고체계이기도 하다.

이해를 돕기 위해 일상생활에서 접하기 쉬운 예를 하나 들어보겠다. 한 수험생이 특정 대학, 특정 학과의 입학을 목표로 한다고 하자. 그렇다면 이 목표를 이루기 위해 먼저 무엇을 생각해보겠는가.

우선 자신의 실력과 내신 성적으로 합격이 가능한지를 가늠해볼 것이다. 그런 다음 모자란 점을 보충하고 합격하기 위해서 해야 할 일을 치밀하게 계획할 것이다. 그리고 보충 학습에 필요한 교재와 문제집 등을 구매하고 열심히 공부에 매진한다. 시운전 및 검사 단계를 빼고는 제조물 생산 과정과 별다른 점이 없다. 이러한 사고를 '엔지니어링 마인드'라고 한다.

반면 아래 그림을 보면 '빈손의 창조자'는 먼저 문제해결의 목표를 설정(기획)하면, 가지고 있는 것 중 당장 쓸 수 있는 재료가 무엇인지 확인한다. 그 종류가 무엇인지, 수량은 얼마나 있는지와 그것들의 쓰임도 확인한다. 그리고 나서 그것들을 어떻게 끼워 맞춰야 목표한 대상물이 만들어질지 궁리한다. 그리고 시행착오를 거듭하며 목표한 기준에 부합할 때까지 계속 조합해본다.

기획	당장 활용할 수 있는 제품인지 및 배열	제품 요소들의 잠재적 관계 인식	각 요소들을 결합하기 전 임의로 용도 설정	용도에 맞게 반복적 조합	시운전 및 검사

〈'빈손의 창조자' 사고 과정〉

그렇다면 '빈손의 창조자'들의 사고 과정은 엔지니어링 마인드와 어떻게 다를까? 엔지니어링 마인드는 체계적인 설계도를 준비하고 그를 기반으로 필요한 재료를 구입한다. 만들고자 하는 제품, 목표한 것이 정해지면 그다음 어떻게 구현할 것인지 정확하고 치밀한 설계도를 먼저 그린다. 그래야 필요한 재료나 도구를 가늠할 수 있기 때문이다.

하지만 '빈손의 창조자'들은 설계도보다는 일단 가진 재료의 쓰임을 어떻게 최대한 끌어올릴지 고민한다. 적당한 눈대중과 경험, 상상력을 바탕으로 작업에 몰두한다. 그들의 작업장에는 언제나 제작해야 할 대상물과 아무 관계가 없는 한정된 수의 재료와 도구만이 있으므로, 정교한 설계도보다는 즉흥적이고 통통 튀는 상상력이 더 필요하다. 또한 그것들을 조합할 때도 계속 임의로 용도를 변경하기 때문에 융통성이 더 필요하다.

'빈손의 창조자'들의 이런 사고체계를 잘 보여주는 재미있는 영화 한 편이 있다. 1965년에 상영되어 호평을 받아 2004년에 다시 리메이크된 영화 '피닉스'이다. 엔진이 파괴되어 사막 한가운데에 비행기가 불시착하는데, 조종사와

11명의 승객들이 기지를 발휘해 탈출하는 이야기다.

부족한 물과 음식, 부서진 비행기 잔해, 살을 찢는 듯한 모래 폭풍과 사막의 도적들…. 현장에서 버틸 수도 없고, 구조될 가능성은 더 적은 최악의 상황에서 그들은 어떤 선택을 했을까?

그나마 멀쩡한 오른쪽 엔진과 쓸 만한 비행기 부품들을 주워 모아 우스꽝스러운 비행기를 만든다. 우리가 생각하는 전형적인 비행기의 모습과는 전혀 다르지만, 최소한 '날아야 한다'는 기능에는 충실한 그 비행기는 불사조처럼 다시 하늘을 날아올라 사람들이 모래사막에서 탈출할 수 있게 해준다.

텔레비전에서 본 정권성 씨는 쓰레기장에 버려진 폐가구 조각을 모아 거북선과 다보탑을 만든다. 굴비 선물상자로는 열쇠함을 만들고 에어컨 부품인 동파이프로 생수통 오프너도 만든다. 그는 자칭 폐품공예의 대가다. 틈만 나면 폐품을 수집하고, 운영하는 악기점보다 길거리에서 보내는 시간이 더 많다. 그는 설계도도 없이 대충 구상을 한다. 그리고 폐품을 예술작품으로 뚝딱 변신시킨다.

문화소외계층을 돕는 사회적 기업인 '부아비츠'의 박성호 대표는 폐가구를 모아 스피커를 제작한다. 그는 이를 통해 스피커 생산비를 줄이고, 공공기관의 고충인 폐가구 처리에 드는 비용도 줄이면서 환경문제도 해결할 수 있다고 말한다.

정권성 씨나 박성호 대표는 구할 수 없는 재료나 도구들을 얻으려고 애쓰지 않는다. 그보다는 자신에게 주어진 환경에서 쓸 수 있는 것들에 집중한다. 그리고 '상상력'을 더하여 원하는 물건을 만들어낸다. 그들의 문제해결 방식은 창의성과 도전의식을 불러일으킨다.

지금까지 '빈손의 창조자'가 문제를 해결하고 창의력을 발휘하기 위해 어떤 방식으로 사고하는지 알아보았다. 그들의 행동이 얼마나 큰 가능성을 열어줄 선택지이자 대안이 될 수 있는지도 살펴봤다. 자, 아직도 엔지니어링 사고에 갇혀 없는 상황만 탓하고, 그런 상황 때문에 무력감을 느끼며, 포기하는 선택만 할 것인가? 그렇게 되면 어떤 좋은 자원을 갖거나 괜찮은 기회가 와도 아직 충분하지 못하다고 계속 환경만 탓할 것이다.

—

궁즉통(窮則通)의
원리:
변통(變通)

지금까지 이야기한 혁신의 신조류인 '빈손의 창조자'들의 특징을 정리해보면 다음 4가지로 요약할 수 있다.

1. 없는 것을 새롭게 만들기보다 지금 당장 이용할 수 있는, 이미 존재하는 것들을 가지고 신속하게 과업을 수행한다.

2. 서로 딱 들어맞지 않거나 어울리지 않은 것을 뒤섞어 결합함으로써 새로운 것을 만들어낸다.

3. 어떤 작업(예: 아이팟 개발)에서 목적(아이팟)이 되었던 것

이 다른 작업(아이폰 개발)에서는 수단(아이팟)이 될 수 있다.

4. 세상 만물(예: 미국 국방부 깊숙이 처박혀 있던 인공위성 사진)의 쓰임새와 가치는 사용되는 곳(구글 지도)에 따라 달라진다.

위 4가지의 특징을 면밀하게 뜯어보면, 우리가 일상생활에서 흔히 쓰기도 하고 오랜 기간 주로 고전학자들 사이에서 논의되어왔던 한 철학적 주제가 떠오른다.

'변통(變通)'이란 말을 《주역》의 〈계사〉 하편에서 찾아보면 "역은 궁하면 변하고 변하면 통하며, 통하면 오래 계속된다. 그렇기 때문에 하늘에서 이를 도와서, 길하여 이롭지 않은 게 없다는 것이다(易 窮則變, 變則通, 通則久, 是以自天祐之, 吉无不利)."라는 구절에서 나오는데, 기존의 방법과 도구 혹은 질서나 제도가 제대로 작동하지 않는 상황에 닥치면 변화시켜 통하게 해야 한다는 뜻이다.

한마디로, 궁즉통(窮則通), "궁하면 통한다."라고 널리 알려진 바로 그 말이다. 어려운 난제에 봉착해 있을 때, 사고의 전환과 열정을 가지고 궁리하면 안 될 일이 없다는 뜻이기도 하다.

여기서 강조되는 것은 변화는 궁(窮)해야 가능하다는 것이다. 궁(窮)은 '궁구하다' '다하다'라는 뜻으로 '최선을 다함'을 의미한다. 그러나 궁(窮)하다고 마냥 통(通)하지는 않는다. 궁(窮)과 통(通) 사이에는 반드시 역(易)이 개입해야 한다. 역은 사고방식이나 행동에서 변화를 꾀하는 것을 말한다.

어렵고 힘들수록 변신과 변화를 꾀해야 한다. 나를 바꿔야 기회가 온다는 것이다. 스스로 변화하려는 자발적인 노력이 있어야 하며, 변화를 위해 최선을 다하다 보면 통하게 되며, 통하면 마침내 오래가게 된다. 변신과 변화를 꾀하는 역(易)은 '발상의 전환'이나 '창조적 파괴' 등 요즈음 많이 회자되는 말들과 일맥상통한다.

그래서 '易(역) 窮則變(궁즉변), 變則通(변즉통), 通則久(통즉구)'란 '어려운 문제에 봉착해 있을 때, 있는 조건에서 최선을 다해 노력하다 보면 변화하게 되고, 창의성을 가지고 변화를 추구하다 보면 통하게 되며, 통하면 마침내 오래가게 된다'는 뜻이다. 그리고 이를 위한 실행방법이 바로 변통(變

通)인 것이다.

조선 중기 율곡 이이(李珥)는 왕조의 변천 단계를 창업(創業)·수성(守成)·경장(更張)으로 나누고 당대의 조선은 폐단이 누적되어 경장에 힘써야 할 때라고 주장했다. 그는 당시 추구해야 할 사회 개혁의 근본적인 이념과 구체적인 실현 방법으로 이 변통론(變通論)을 제시했다. 기존의 질서나 제도가 제대로 작동하지 않는 상황에 닥치면 변화시켜 통하게 해야 한다는 뜻이다.

프랑스 지성사의 산물인 '브리콜라주(bricolage)'라는 개념 역시 이와 크게 다르지 않다. 프랑스의 인류학자 클로드 레비-스트로스(Claude Lévi-Strauss)가 명저 《야생의 사고》에서 원시부족, 특히 부족의 문화 담당자인 '브리콜뢰르'의 행태 분석에서 도출한 개념인 브리콜라주는 "무엇이든지 당장 사용할 수 있는 것들을 가지고 변통하는 것(making do with whatever is at hand)" 또는 "새로운 문제를 해결하거나 기회를 활용하기 위해서 당장 사용할 수 있는 자원들을 창의적으로 통합해서 일이 되도록 하는 것"을 뜻한다.

부족사회의 문화 담당자(혹은 주술사)인 브리콜뢰르(브리콜라주를 실행하는 사람)는 넓은 범위에 걸쳐 다양한 일을 능숙하게 수행하나 한정된 재료와 도구를 가지고 작업해야 하는 한계를 지녔음에 틀림없다. 그러므로 브리콜뢰르는 자연스럽게 그가 이전에 만든 물건들의 남는 것을 가지고 변통하는 법을 배우며, 그 결과 종전의 목적이 수단의 역할을 하기도 한다.

본질적으로 문화인류학적 개념인 브리콜라주가 현재 최첨단 기업혁신의 방식으로 자리매김을 한다는 사실은 매우 흥미로운 일이다. 앞서 살펴본 삼성, 애플, 구글은 현재 '끼워 맞추기'식 혁신에 집중하고 있다.

이는 점점 짧아지고 있는 제품 수명주기로 인한 신제품 개발의 신속성, 시시각각 변하는 소비자 수요 및 시장 선점의 막대한 효과 때문에 창의성 확보를 해야 하는 사투의 과정에서 태어났다. 야생의 세계(savage world)에서 표출된 브리콜라주가 최근 기업의 세계(entrepreneurial world)에 나타난 것이다. 또한 이는 《주역》에 나오는 변통의 의미와도 일맥상통한다.

chapter 4

더 빠르게, 더 강하게, 더 새롭게

벼랑 끝 생존력

—

우리의 고민은
'성공'이 아니라
'생존'

요즘 여러 자리에서 중소기업 CEO들을 만나보면, 안타까울 때가 한두 번이 아니다. 회사의 미래도 생각해야 하지만 당장 눈앞에 놓인 생존의 위기를 어떻게 극복해야 할지 고민하는 CEO가 그만큼 많기 때문이다.

전자부품을 제조하는 40대 김 사장이 지역경제포럼 모임에 참석하게 되었다. 그때 이마에 흘러내린 백발이 멋진 한 경영 전문가가 그에게 이렇게 물었다.

"사장님, 요즘 사업 어떠십니까?"

"어휴… 말도 마세요. 제가 요즘 사는 게 사는 것이 아닙니다. 날마다 오늘내일하니….”

“많이 힘드시겠네요…. 그래도 CEO가 축 처져 있으면 직원들 보기에 좋지 않습니다. 지금 사장님 같은 경우에는 리스크 관리가 매우 중요하지만, 아무리 어려워도 회사의 미래를 생각해서 인재 관리에도 신경을 쓰셔야 합니다.”

“….”

그의 말을 듣고 있던 김 사장은 아무 대꾸 없이 입을 삐죽 내민 채 고개를 돌렸다. 그가 말하는 리스크 관리나 인재 관리가 구체적으로 무엇을 뜻하는지도 잘 모르지만 굳이 알고 싶지도 않았다. 지금 회사가 죽느냐 마느냐 하는 상황인데, 그런 고담준론이 귀에 들어올 리가 없었다. ‘성공’, ‘발전’, ‘성장’ 이런 소리는 지금 모두 웃기는 남의 이야기고 그의 관심사는 오로지 죽지 않고 살아남는 것이었다.

약속했기 때문에 어쩔 수 없이 모임에 오긴 왔지만 빨리 이 자리를 벗어나 집에 돌아가 쉬고 싶은 생각이 굴뚝같았다. 지난 몇 달간 제대로 잔 적이 없다. 규모는 작지만 탄탄하게 30여 년을 이어온 기업인데, 이번에 넘어가기라도 하는 것은 아닌지 걱정이 돼서 편안하게 잠을 이룰 수가 없었기 때문이다. 창업해서 회사를 키우는 데 평생을 바치고 다시 그 전부를 자신에게 물려주고 돌아가신 아버지를 떠올리면, 마음이 더욱 참담해진다.

세계적인 경기 침체, 날로 치솟는 물가, 점점 더 빠른 속도로 변하는 산업들…. 날마다 힘겹게 버티는 중소기업의 입장에서 '성공'이란 말은 배부른 자의 사치로 전락해버린지 오래다. 더욱이 세월호 사건과 메르스 사태 등 해마다 터지는 안타까운 대형 악재 속에서 소규모 상공인들 역시 고충이 이루 말할 수 없을 정도였다. 지금 이들의 관심사는 오로지 오늘 하루를 버티는 것, 현재의 위기 속에서 살아남는 것이다. 그들의 현실은 '생존'이 걸려 있기 때문에 그만큼 더 절박하다.

그래서 지금 기업에 가장 필요한 역량은 '위기 대처 능력', 어떠한 어려움이 닥쳐도 망하지 않고 살아남는 '생존 능력'이라고 해도 과언이 아니다. 일단 살아남아야 성공할 수 있기 때문이다. 따라서 요즘처럼 어려운 때는 경쟁우위라든가 핵심역량, 성장 매트릭스 같은 어렵고 복잡한 개념보다는 생존력을 업그레이드 할 수 있는 실질적 방법이 절실하다.

——

야생에서
살아남는
기술

몇 년 전 내셔널지오그래픽 채널에서 '야생에서 혼자 살
기(Alone in the Wild)'란 프로그램을 방영한 적이 있다. 에베
레스트와 극지 탐험 전문가로 유명한 프로듀서 겸 카메라
맨 에드 워들(Ed Wardle)이 12주 동안 캐나다 북쪽에 있는
인간의 발길이 닿지 않은 유콘 황야에서 홀로 생활하는 장
면을 실감 나게 보여준 다큐멘터리다.

생존의 어려움과 위기를 극복하는 모습을 편집하지 않고
있는 그대로 생생하게 보여주는데, 상상조차 할 수 없었던
자연의 재료로 필요한 것들을 만들어 쓰는 장면들은 특히

더 인상적이다.

이렇듯 야생에서 살아남는 생존 기술을 호주와 뉴질랜드, 남아프리카에서는 '부시크래프트(bushcraft)'라고 부른다. 부시크래프트는 덤불을 뜻하는 부시(bush)와 기술을 뜻하는 크래프트(craft)의 합성어로, 자연 속에서 일상생활을 하는 데 필요한 여러 가지 기술을 의미한다.

지금은 그 의미가 확대되어 '잊어버린 감각과 지식들을 재확인하면서 자연에 더 다가가고, 자연과 일체되며 느끼는 평안함을 찾는 행위'로 정의되고 있다. 이것의 핵심은 의식주에 필요한 가장 기본적인 도구만을 갖추고 최적의 공간을 찾아 정착하여 자급자족하는 것이다.

이 부시크래프트를 잘 활용하면, 도구에 대한 의존도를 줄이면서 야생에서 살아남는 생존 능력을 기를 수 있다. 한 가지 쓰임에 한정된, 가공한 도구를 쓰지 않더라도 그때그때 상황에 따라 필요한 것을 자연 재료로 만들어 쓰는 융통성이 생기기 때문이다.

그렇게 해서 불 피우기, 추적 기술, 사냥, 낚시, 쉼터 만들기, 칼과 도끼 등 도구 다루기, 식량 찾기, 나무 다루기,

자연 재료를 활용한 용기 만들기 등 야생에서 할 수 있는 것들이 점점 많아진다. 어떻게 보면 자원이 부족한 상태에서 생존 위기에 처한 우리들에게 필요한 진짜 능력은 바로 이런 원초적인 생존력(survivability)일지 모른다.

'부시크래프트'는 야생에서 살아남는 생존 기술이다.
이를 잘 활용하면 주변에 널린 자연의 재료를
이용해 위기 상황에 대처하는 능력도 강해진다.
어쩌면 현재 우리에게 필요한 생존 능력은
바로 이런 것일지 모른다.

—

생존력의
핵심 자질

생존력에 관한 이야기를 한 김에, 우리에게 필요한 생존력이 구체적으로 어떤 자질들을 의미하는 것인지 경영의 측면에서 좀 더 살펴보겠다.

다음 모형은 군사생존 전문가인 로버트 볼(Robert E. Ball)이 그의 연구에서 언급했던 '군사적 생존력 결정요소'[1]와 김주환 교수[2], 〈하버드비즈니스리뷰〉 전 수석편집자였던 다이앤 L. 쿠투(Diane L. Coutu)[3] 등이 언급했던 '회복탄력성(resilience)' 개념을 통합하여 사회·경제적 관점에서 해석한 생존력 결정 모형이다. 이 그림을 보면, 우리에게 필요한 생존

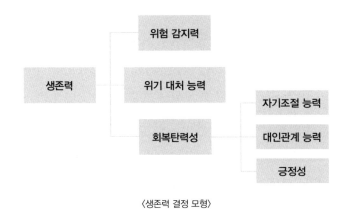

〈생존력 결정 모형〉

력의 자질은 크게 3가지라고 볼 수 있다.

첫 번째는 환경 변화에 따라 닥쳐올 위험을 미리 감지하여 피하는 능력이다. 두 번째는 시련과 고난을 당했을 때 갖고 있는 자원들을 변통하여 이에 대처하는 능력, 세 번째는 어려움을 겪고 난 다음 회복하는 능력이다. 이 3가지 능력이 곧 우리의 생존력을 결정한다.

첫 번째 능력인 '위험 감지력(susceptibility)'은 왜 중요할까? 일상생활에서 "삼십육계 줄행랑을 친다."라는 말을 들어봤을 것이다. 여기서 '삼십육계 줄행랑'이란 《손자병법》의

36계 중 마지막 주위상(走爲上)을 말하는 것으로, 전략상 때로는 적을 피해 도망갈 필요도 있다는 뜻이다.

맞는 말이다. 도망치는 것은 비겁한 것이 아니다. 오히려 이 보 전진을 위한 일 보 후퇴는 현명하다. 전장에서 적군을 향해 돌진하여 맞서 싸우는 것만 중요한가? 아군의 피해를 최소화하는 것도 중요하다. 총탄이 비 오듯 쏟아지는 시가전에서 군인에게 필요한 것은 돌진이 아니라 '삼십육계 줄행랑'을 쳐 '엄폐'하는 능력이다.

적들이 나나 아군을 조준하여 총탄을 쏘기에 좋은 위치에 서 있을 필요가 전혀 없다. 그것은 오히려 죽음을 자초하는 길이다. 이렇게 불리할 때에는 차라리 안전한 곳으로 대피하여 적탄은 막으면서 적군을 조준하기에 좋은 위치를 선점하는 것이 훌륭한 전략이자 아군의 생존율을 높이는 길이다. 따라서 위험을 미리 감지하여 도망을 가든 몸을 숨기든 그 위험으로부터 피해를 최소화하는 '위험 감지력'은 생존력에 반드시 필요한 자질이다.

그럼 기업의 관점에서 '위험 감지력'이란 무엇일까. 경영의 측면에서 '위험 감지력'이란 국·내외 경제 동향과 업계 동향을 면밀히 분석하여 다가올 미래 상황을 예측하고 대비하는 것을 의미한다. 가령 다가올 환율 폭등이나 고철이나 원유와 같은 원자재 가격 폭등을 예측하여 적절한 대책을 미리 마련하는 행동을 들 수 있다. 이 '위험 감지력'이 높을수록 변수를 예측하고 위기에 대비할 방안을 마련하기가 용이하다.

2008년 서브프라임 모기지론 사태로 인한 미국 발 금융 위기 당시 매도 포지션을 취했다가 대박이 터진 거물 투자자, 일명 '빅 쇼트(Big Shorts)'들의 성과는 위험 감지력의 역량이 얼마나 중요한지 드라마틱하게 보여준다. 리먼브러더스의 금융 위험을 정확히 예측한 유명 헤지펀드 매니저 데이비드 아인혼이나 미국 서브프라임 모기지 붕괴로 떼돈을 번 존 폴슨 등 거물 공매도 투자자들은 어떻게 위기를 돌파했을까?

아인혼은 그해 5월 한 콘퍼런스에서 리먼브러더스에 대해 매도 포지션을 구축하고 있다고 밝혀 업계의 주목을 받다가 리먼이 파산하면서 이 전략이 그대로 들어맞아 단번에 헤지펀드 업계의 스타로 떠올랐다. 존 폴슨이 운용한 헤지펀드 폴슨앤코는 2007년부터 2009년까지 서브프라임 모기지에 매도 베팅해 200억 달러를 벌어들였다. 폴슨의 개인 소득만 같은 기간 40억 달러에 달했다.

생존력을 결정하는 두 번째 핵심 자질은 '위기 대처 능력'이다. 그중에서도 이 책에서 강조하는 '있는 것들을 가지고 변통하는 능력'이 중요하다. 앞에서 이야기한 부시크래프트 같은 생존 기술을 습득해두는 것이라고 이해하면 된다.

환경이 변할 때마다 우리는 그 상황에 필요한 모든 것을 갖출 수 없다. 이럴 때 적응하여 살아남으려면 '있는 것'을 가지고 '필요'에 맞게 바꿔 쓸 줄 알아야 한다. 쓰임이 정해진 물건이라고 해도 필요에 따라 그 쓰임을 다르게 이용할 줄 알아야 한다. 이를 한마디로 말하면 '이가 없으면 잇몸으로' 하자는 것이다. 이 대처 능력이야말로 '생존력' 중 가장 중요한 부분이다.

그런데 생존력 중 왜 있는 것을 가지고 변통하는 '위기 대처 능력'이 가장 중요할까? 예를 하나 들어보자. 어떤 기업이 심한 불경기로 인해 막대한 손해를 입었다. 그래서 내년 신제품 개발 프로젝트 진행에도 차질이 생겼다. 이때 기업이 선택할 수 있는 대안은 무엇이 있을까? 앞에서 설명한 것처럼 크게 3가지를 들 수 있다. 첫째는 포기, 둘째는 금융기관에서 대출을 받는 등 외부 자원의 도움을 받는 것, 마지막으로 세 번째는 지금 주어진 것만 가지고 스스로 문제를 해결하는 것이다.

여기서 포기는 논외로 하고, 두 번째 대안인 금융기관에서 대출을 받는 방안을 생각해보자. 만일 신용도가 낮거나 담보가 부족해 금융기관에서 대출이 안 된다면 어떻게 될까? 내 의지와 상관없이 문제를 해결할 수 없다. 답이 없다는 소리다. 특히 중소기업이나 벤처기업 같은 경우 담보 능력이 약한데, 앉아서 내 회사가 망하는 모습을 구경이나 할셈인가? 결국 살아남으려면 외부의 도움 없이도 버틸 수 있어야 한다. 이때 기업에 가장 필요한 능력이 바로 있는 것을 활용해 위기를 대처하는 능력이다.

이해를 돕기 위해 스포츠를 예로 들어보겠다. 중요한 A매치 축구 경기가 한창이다. 그런데 지단이나 베컴처럼 팀플레이를 조율하고 선수들의 사기에 커다란 영향을 미치는 에이스 선수가 퇴장을 당했다. 핵심 선수가 빠진 10명의 선수만으로 상대팀과 대적해야 하는 위기에 몰렸을 때 선수들이 할 수 있는 최선의 방법은 무엇일까?

그대로 도망치거나 경기를 포기해버릴까? 이것은 있을 수 없는 일이다. 그렇다면 외부의 도움을 받는 것은 어떨까? 하지만 갑자기 에이스 선수에 버금가는 선수를 투입시키는 것도 불가능하다. 결국 그들이 선택할 수 있는 최선의 답은 현재 뛸 수 있는 10명의 선수만으로 전력의 공백을 메우는 것이다. 에이스 선수와 다른 장점을 가진 선수를 이용하여 새로운 전술을 짜고 득점을 노리는 전략이야말로 승리할 수 있는 유일한 길이기 때문이다.

2013 KB국민카드 프로농구 15차 경기에서 서울 SK는 울산 동천체육관에서 열린 홈팀 현대 모비스와의 경기에서 72대 71, 1점이라는 간발의 차이로 승리했다. 이날의 승리로 SK는 12승 3패를 기록하여 강팀 모비스를 간신히 누르고 리그 선두자리를 어렵게 지켜냈다.

두 팀은 반 게임 차이로 1위와 2위를 다투던 중이라 많은 농구팬의 관심을 받고 있었는데, 이 경기를 두고 처음 대부분의 전문가들은 모비스의 승리를 점쳤다. SK와 모비스 두 팀의 해당년도 시즌 기록을 비교해보면 평균 득점과 평균 실점, 어시스트, 블록슛에서 모비스가 우위에 있었기 때문이다.

더구나 모비스는 최근 3경기에서 65점 이하의 실점을 기록하는 좋은 수비력을 보여주었고, 홈경기에서는 평균 실점이 63.2점으로 더 좋았다. SK가 포워드 최부경 선수의 리바운드를 바탕으로 공격력이 살아나고 있었지만 많은 득점을 올리기는 힘들 것이라고 예측했다. 시즌 기록만 분석하면 모비스의 승리를 점치는 것이 당연했다.

2013년 11월 16일, 드디어 결전이 시작됐다. 경기가 시작되자마자 갑자기 분위기가 기울어지기 시작했다. 1쿼터 2분여 만에 SK의 희망인 최부경 선수가 발목 부상을 입고 경기장을 떠난 것이다. 경기 도중 모비스 함지훈 선수의 발을 밟고 오른쪽 발목을 접질린 것이 이유였다.

당시 최부경은 신인 드래프트 전체 2순위로 SK에 지명된 SK의 핵심 선수였다. 신장 2m의 월등한 체격 조건으로 정규 리그 54경기에 모두 출전해 평균 8.5점에 6.4리바운드의 성적을 냈다. 이 덕에 기자단 투표 때도 96표 가운데

92표를 얻어 박경상(KCC) 선수를 압도적으로 제치고 생애 한 번뿐인 신인왕을 거머쥐었다. 2013 시즌에도 변함없는 활약으로 모든 경기에 출전해 국내 선수 중 가장 많은 리바운드(평균 7.9개)를 잡아내며 SK의 상승세에 한몫을 하고 있었다.

그렇지 않아도 모비스의 승리를 점칠 만큼 전력이 열세인 SK에게 핵심 선수의 부상은 극복하기 쉽지 않은 재앙이었다. 그러나 그 순간 SK의 문경은 감독이 전략을 바꿨다. 최부경 선수의 월등한 신체 조건을 활용한 전략은 이미 쓸 수 없게 되었다. 또한 대체할 만한 선수도 당장 팀 안에서 찾기 어려웠다. 특단의 조치 없이 같은 전략을 고집한다면 패배는 분명했다. 주축 선수의 부상에 시합을 질지도 모르는 최악의 상황. 그 상황만은 피하고 싶었던 감독이 결정한 새로운 전략은 '스피드'였다.

다행히 그의 판단은 적중했다. 김선형(187cm) 선수와 변기훈(187cm) 선수, 벤치에 있던 노장 주희정(181cm) 선수까지, 신장이 180cm대였던 가드 3명을 동시에 투입한 SK는 3쿼터부터 수비와 속공이 더욱 위력을 발휘하면서 리드를 잡았다. 또 큰 키를 활용해 리바운드를 다투기보다는 숏한 공이 떨어지는 드롭 존(drop zone)을 빠른 속도로 먼저 선점하는 방법으로 열세를 보완했다. 상대방의 허를 찌르는 용병술과 노장 주희정 선수의 노련한 전술 이해력을 바탕으로 한 단합이 힘을 발휘한 것이었다.

꾸준하게 추격전을 펼치던 모비스는 종료 2분 전 주전 양동근 선수의 발목 부상과 경기 내내 좋은 활약을 펼쳤던 신인 가드 이대성 선수의 마무리 역전 찬스가 무산되는 바람에 1점 차이로 SK에 승기를 내줘야 했다. 전문가들의 분석과 달리 위기를 슬기롭게 넘긴 SK는 모비스를 한 게임 반 차로 밀어내고 선두를 지켜냈다.

믿었던 선수마저 부상으로 퇴장한 절박한 상황에서 포기하지 않고 당장 가진 선수들의 자원을 최대한 활용하여 새로운 전술을 만들어낸 감독의 기지가 승리의 공식을 바꾸고 기적을 만들어낸 것이다. 자, 이제 왜 있는 자원을 활용해 위기를 대처하는 능력이 생존에 가장 중요한지 알겠는가?

위기 대처 능력, 있는 것을 변통하지 못해 전력을 잃은 사례는 무수히 많다. 러일전쟁도 그중 하나다. 전쟁 당시 요동반도 끝에 위치한 중국의 뤼순 지역은 러시아군의 중요한 전략 거점이었다. 그래서 일본해군은 뤼순항을 기습 공격하고 봉쇄하는 작전을 펼쳤다. 1904년에 봉쇄를 하고 1905년에야 함락시킨 이 전투에서 러시아군의 완강한 저항으로 일본군 역시 엄청난 피해를 입었지만, 결과적으로는 일본군이 승리했다.

사실 이 러일전쟁의 경우 많은 사람이 러시아가 압승할 것이라고 예측했었다. 그런데 어떻게 일본군이 승리할 수 있었을까? 러시아군의 패배 원인을 두고 사람들은 군대 안에 괴혈병이 돌아 막대한 전력 손실을 입은 점을 지적한다. 오랜 기간 봉쇄를 당했던 터라 채소 반입이 불가능하여 비타민C가 부족해진 병사들이 괴혈병에 걸린 것이다. 특히 마지막으로 격전을 벌였던 1905년 3월 만주 봉천 전투에서 러시아군이 제대로 싸우지도 못하고 패한 원인 중 하나로 이 병의 발발이 지적되고 있다.

만약 러시아군이 과일이나 채소를 먹어서 비타민C가 결핍되지 않았다면, 그래서 괴혈병이 전염병처럼 돌지 않았다면 러일전쟁은 어떻게 되었을까? 아무도 모를 일이다. 그런데 더욱 안타까운 것이 무엇인지 아는가? 러시아군은 봉쇄된 그 안에서 괴혈병이 퍼지는 것을 어쩌면 막을 수도 있었다는 사실이다.

그 당시 러시아 군대의 창고에는 콩이 잔뜩 쌓여 있었다. 그리고 일부 습기를 먹은 콩들은 이미 싹을 피우고 있었다. 러시아군이 그 콩을 이용해 콩나물을 재배할 생각만 했어도 어쩌면 괴혈병을 막을 수 있었을 것이다.

채소가 보급되기만을 기다리지 않고 관점을 바꿔 있는 재료를 활용해 직접 채소를 기를 생각을 했다면, 괴혈병을 잠재울 수 있었을지 모른다. 평소 콩나물을 잘 먹지 않았다고 해도 콩나물을 먹으면 병을 예방할 수도 있을 것이라는 생각을 조금만 했다면 괴혈병으로 군대를 잃는 일은 없었을지 모른다.

이렇듯 아무도 도와줄 사람이 없는 처지, 즉 고립무원 상황에 놓였다면 살아남는 방법은 딱 하나다. '있는 재료를 가지고 변통하는' 것, 우리가 할 수 있는 일은 아마 그것밖에 없을 것이다.

마지막으로 생존력에 필요한 자질은 회복탄력성이다. 이는 '시련이나 고난을 이겨내는 힘'을 말하는데, 이 역시 생존력의 필수 요소다. 회복탄력성을 구성하는 3가지 요소는 '자기조절 능력', '대인관계 능력', '긍정성'이다.

첫 번째 구성 요소인 '자기조절 능력'은 스스로 부정적 감정을 통제하거나 기분에 휩쓸리는 충동적 반응을 억제하고 정확한 대처 방안을 찾아낼 줄 아는 능력을 뜻한다. 두 번째 구성 요소인 '대인관계 능력'은 인간관계를 진지하게 맺고 오래도록 유지하는 능력, 다른 사람의 심리나 감정 상태를 잘 읽어내는 능력, 타인과 연결되었을 때 그 관계 속에서 자신을 이해하는 능력 등을 의미한다. 쉽게 말하면 원만한 대인관계를 유지하는 기본적인 역량을 말한다.

마지막으로 '긍정성'은 지금의 상황을 내가 가진 강점을 통해 원하는 방향으로 이끌 수 있다는 자신감, 매사에 감사하는 마음 등을 말한다. 즉 낙관주의적이고 긍정적인 정서를 가리킨다. 이 3가지 능력이 잘 어우러져야 위기를 당하거나 실패해도 다시 회복하여 도전하고 시도해볼 수 있다.

자, 지금까지 우리에게 필요한 생존력이 무엇인지 살펴

보았다. 그 생존력이란 위험을 감지하고 피하는 능력, 위기에 잘 대처하는 능력, 위기를 겪고 난 다음 회복하는 능력을 포함한다.

하지만 앞서 강조했듯이 '생존의 위기'에 직면했을 때 우리에게 가장 필요한 능력은 '위기 대처 능력'이다. '이가 없으면 잇몸으로' 정신말이다. 위기에 닥쳤을 때는 최소한 이것 하나만 기억하자. 그리고 주변을 둘러보며 활용할 만한 자원이 무엇인지, 그것들을 어떻게 쓸 수 있는지 고정관념에서 벗어나 자유롭게 생각해보자. 그때 비로소 생존에 대한 현답이 당신 손에 쥐어질 것이다.

지금 회사가 위태롭다고 밤잠을 설치고 있는가?

살아남고 싶은 마음이 절실한가?

걱정할 시간에 주변을 돌아봐라.

주어진 자원으로 무엇을 할 수 있는지 생각하라.

그 위기 대처 능력에 따라 당신의 생존이 결정된다.

———

고립된
634일을
버티게 해준 힘

2009년 영국 런던의 크리스티 경매에서 비스킷 1개가 1,250파운드(230만 원)에 팔렸다. 이는 영국의 탐험가인 어니스트 섀클턴(Ernest Shackleton)이 남극 탐험 중 식량 부족으로 대원 모두가 고통을 겪을 때 그중 한 명인 프랭크 와일드에게 내줬던 비스킷이다.

비스킷에 얽힌 사연은 이랬다. 1914년 8월 섀클턴은 27명의 대원과 함께 범선 인듀어런스(Endurance)호를 타고 세 번째 남극 탐험을 떠났다. 이미 아문센이 달성한 남극점 정복 대신 남극 대륙 횡단을 목표로 한 여정이었다.

인듀어런스호는 1914년 12월 5일 그리트비켄 포경 기지가 있는 사우스조지아 섬을 출발하여 다음 해 1월 남극의 바셀만 인근까지 접근했다.

그러나 기상 악화로 바다 위 거대한 얼음덩어리에 갇혀 꼼짝할 수 없는 최악의 상황에 놓이게 되었다. 바다가 결빙되어 선창부터 부서지며 배가 침몰하는 상황에서 대원들은 살아남기 위해 얼음판 위에서 고군분투해야 했다. 그것은 추위와 굶주림, 자기와의 싸움이었다.

언제 죽을지 모르는 혹한 속에서 대원 중 한 명은 일기에 이렇게 썼다.

"섀클턴은 은밀히 자기 몫의 비스킷을 내게 내밀며 먹으라고 명령했다. 만약 내가 비스킷을 받으면 그는 저녁에도 내게 비스킷을 줄 것이다. 나는 도대체 이 세상 어느 누가 이처럼 관용을 보여줄 수 있을까 생각해본다. 나는 죽어도 섀클턴의 그러한 마음을 잊지 못할 것이다. 수천 파운드의 돈으로도 결코 그 1개의 비스킷을 살 수 없을 것이다."

사실 인듀어런스호가 남극으로 출범하기 1년 전인 1913년, 이와 비슷한 사건이 있었다. 빌흐잘무르 스테판손

(Vilhjalmur Stefansson)이 이끄는 캐나다 탐험대가 칼럭호를 타고 북극 탐험에 나선 것이다.

이들은 탐험 도중 빙벽에 가로막혀 고립되었다. 캐나다 탐험대는 북극에 고립된 지 수개월 만에 생존 욕구에 눈이 먼 짐승이 되어갔다. 11명의 대원들은 거짓말과 도둑질 등 극한 상황에 내몰려 한계에 다다른 인간이 어디까지 변할 수 있는지 보여주었으며, 얼마 후 처참하게 죽었다. 똑같이 얼음덩어리 사이에 갇힌 섀클턴의 탐험대와 상반된 최후다.

섀클턴은 27명의 대원들을 데리고 2년 가까운 시간을 남극에서 버텼다. 그리고 마침내 단 한 사람의 낙오자도 없이 영국으로 무사히 귀환했다. 남극 빙벽의 혹한 속에서 남자 27명이 634일간의 지옥과 같은 생활을 견뎌낸 것이다. 대원들 중 어떤 이는 그 상황에서도 행복하다고 일기를 쓸 정도였다. 섀클턴의 이야기는 장엄한 휴먼 드라마로 남게 되었고, 그의 실패한 탐험은 지금까지도 '위대한 항해'로 불리고 있다.

그의 희생이나 리더십도 충분히 주목할 만한 일이지만, 사실 가장 궁금한 지점은 바로 이것이다. 그들은 어떻게 해서 634일을, 그것도 영하 30℃를 오르내리는 남극에서, 빙벽에 갇힌 신세였으면서도 살아 돌아올 수 있었을까? 섀클턴은 그 상황에서 어떻게 모든 대원을 이끌고 무사히 귀환할 수 있었을까?

인듀어런스호의 기적은 섀클턴의 남다른 소통 능력과 자기희생도 중요했지만 있는 것을 활용해 생존하는 '위기 대처 능력'이 빛을 발한 사례라 할 수 있다.

그는 지옥 같은 상황에서도 대원들에게 끊임없이 생존의 궁극적인 목표를 심어주었고, 팀워크를 강조했다. 모두가 피하는 일에 누구보다 앞장섰다. 극한 상황에서 살아남기 위해 펭귄과 바다표범을 사냥하여 식량난을 견뎠고, 혹한의 폭풍을 피할 데 없는 얼음판 위에서 조금이라도 체온을 지키고자 보트를 뒤집어 바람막이로 썼다.

생명줄이었던 배가 침몰한 후 혹한 속에서 2년을 버티는 동안 그와 대원들은 주변에 있는 모든 것을 생존의 도구로 사용했다. 그러한 상황에서도 그는 리더십을 발휘해 "주어진 상황을 냉철하게 인식하고 긍정하는 자가 진정 용기 있는 자다. 절망하지 않는 한 우리는 살 수 있다."라고 말하며 대원들을 격려했다.

샤클턴과 비슷한 시기에 탐험에 나섰던 다른 배들은 스테판손의 칼럭호처럼 선상 반란 등이 일어나며 참혹한 결말을 맞았다. 비극은 언제나 식량과 물자 부족에서 비롯되었다. 하지만 삶을 포기하지 않고, 생각을 바꾸고, 있는 자원으로 어떻게든 버티고자 한 샤클턴의 탐험대는 극한 상황에서 유일하게 살아남았다.

"주어진 상황을 냉철하게 인식하고
긍정하는 자가 진정 용기 있는 자다.
절망하지 않는 한 우리는 살 수 있다."

—

대한민국
설탕 공장 역사의
시작

'절망하지 않고 어떻게 해서든 살아남으려는 긍정의 마음' '이가 없으면 잇몸으로 해내는 정신', 이런 근성을 가진 '빈손의 창조자'들은 우리나라 산업 역사에도 존재했다.

6·25전쟁이 끝난 직후 1953년, 그 당시 우리나라는 식량과 약품 등 생필품조차 제대로 수급이 안 되는 세계 최빈국 중 하나였다. 곡물도 자급자족할 수 없었던 때라 외부의 원조가 없으면 생계조차 위태로웠던 상황이었다.

당시 설탕은 사치품이었고 수요가 있어도 당연히 모두 해외에서 수입되었다. 그래서인지 당시 안목 있는 사업가들은 설탕 수입을 대체하는 사업이 앞으로 전망이 밝을 것이라고 생각했다.

삼성의 이병철 회장도 마찬가지였다. 그해 4월, 그는 삼성물산주식회사에 한국 최초의 제당회사 설립을 담당할 제당사무소를 설치했다.

우리나라 최초로 근대적 설비를 갖춘 대규모 공장을 지을 계획을 세우고 회사 이름을 '제일제당공업주식회사(현 CJ제일제당)'[4]라고 지었다. 이는 한국 제당산업의 첫 번째 주자가 되겠다는 의지가 담긴 이름이기도 했다.

야심 찬 계획을 이루기 위해서 가장 먼저 해결해야 할 일은 공장 설비를 도입하는 문제였다. 공장 설비를 직접 제작한다는 것은 당시 우리나라의 기술로는 어림없는 일이었기 때문에, 가장 중요한 일이 도입선을 결정하는 것이었다.

당시 해방된 지 불과 8년 정도밖에 되지 않아 일본과 우리나라 사이에 감정적 문제가 채 가시지 않았지만, 이병철 회장은 미쓰이물산과 다나카기계가 마련한 견적서에 따라 일본에서 제작한 플랜트를 도입하기로 했다.

일본의 플랜트를 도입하려는 까닭은 가격이 저렴하고 거

리가 가까우며, 설비를 가동시키고 나서 부품을 조달하는 데 편리했기 때문이다. 또한 와세다 대학교를 다녔던 이병철 회장의 입장에서는 거래에 무슨 문제가 발생했을 때 거래선이 일본 기업이라면 스스로 해결할 자신도 있었다.

그런데 문제는 뜻밖의 곳에서 발생했다. 일본의 한 경제지에서 이 거래를 두고 '일본의 설탕 시장-한국은 일본 업계에 뒤지지 않는 대규모 최신식 공장 설립 추진 중'이라고 보도했는데, 이것이 일본 관련 업계에 위기감을 조성한 것이다. 설탕을 한국에 수출하여 재미를 톡톡히 보던 일본 제당 업계는 미래의 강력한 경쟁자를 견제하려 했다.

한때 우리나라가 일본에 처음으로 기계 설비를 주문하는 이 거래를 통해 두 나라의 관계를 개선하고 경제 협력을 이루어나갈 돌파구로 삼으려 시도한 적도 있었다.

하지만 안타깝게도 입장은 계속 엇갈렸다. 또한 당시 이승만 정부가 일본을 배척하는 정책을 펼치고 있던 터라 허가를 얻는 문제도 쉽지 않았다. 이병철 회장이 신발이 닳도록 정부 관계자를 만나 호소했으나 소용없는 일이었다.

그러나 이 회장은 포기 대신 대안을 찾기 위해 백방으로 뛰었다. "이럴 줄 알았다면 처음부터 일본 회사를 파트너로 선택하지 않았을 텐데…. 하는 수 없지. 이가 없으면 잇몸으로라도 살아야지. 기계를 조립하는 회사는 국내에도 있을 테니 한 곳도 빠짐없이 찾아다니며 문의합시다. 우리에게 설계도가 있으니 어떻게든 조립하겠다는 곳이 있을 거요."

하지만 다나카기계의 기술 지도 없이는 어떤 업체에서도 기계 설비를 구입할 수 없었다. 만일 국내 업체를 통해 기계 설비를 구입해 플랜트 전체가 정상적으로 작동하지 않으면 플랜트를 설계한 다나카기계는 책임지지 않겠다는 내용이 계약서에 명시되어 있었다. 한국의 기술은 믿을 수 없다는 뜻이었다.

그러나 기계의 조립·설치·시운전에 반드시 필요한 일본인 기술자는 정부의 배일정책 때문에 입국조차 허용되지 않았다. 공장이 완공되어 시운전을 할 때 제대로 가동되지 않으면 다나카기계에 국제전화를 하여 해결책을 문의할 수밖에 없는 막막한 상황이었다. 국내 업체와 할 수도 없고 다나카기계의 지원도 바랄 수 없는 그야말로 진퇴양난에 빠지고 말았다.

이병철 회장은 고민하며 시간을 낭비하는 대신 공장장 김재명(후일 동서식품 창업)과 함께 일본으로 떠났다. 그리고 일본의 유명한 기계 제작소와 제당 공장의 설비를 견학했다. 또한 일본 현지에서 다나카기계를 설득하는 한편, 기계 운전과 공장 운영 등을 직접 보고 공부했다. 스스로 해결하기로 마음먹은 것이다.

그렇게 배운 기술로 힘들게 조립하고 모르면 다나카기계에 국제전화를 해 문제를 해결하는 고군분투 끝에 공장을 착공한 지 6개월 만에 공장장 김재명의 열의와 솔선수범으로 예정했던 날보다 2개월 빨리 완공되었다.

그 과정에서 제일제당이 수입한 기계는 원심 분리기 4대, 설탕 결정을 만드는 기계 1대뿐이었고 나머지 기계는 모두 국산 중고 철판으로 조립했다. 제대로 된 철강기업이 없던 때라 공장이 소재한 부산은 물론이고 전국의 철물업자를 찾아다니며 철판과 철관 등 중고품을 모두 수집한 결과였다.

만약 이 회장이 정부의 압박과 일본의 거절에 지쳐 포기해버렸다면 어떻게 되었을까. 우리나라 제당산업의 역사가 그보다 훨씬 늦게 시작되었을지도 모를 일이다. 하지만 이 회장은 외부의 지원도 받지 않고, 오로지 국내에서 당장 구할 수 있는 녹슨 철판과 철관으로 훌륭히 일을 수행해냈다. 일부 전문가들은 이를 두고 우리나라 제당산업은 삼성의 국내 기술에서 비롯되었다고 말하고 있다.

—

최고의
혁신상을 받은
엉성한 차

유럽의 재정 위기로 경기 침체가 극심할 때 인도 출신 기업인들이 화제였다. 씨티그룹 CEO였던 비크람 팬디트, 구글의 니케시 아로라, 여성 CEO로 펩시코를 12년간 이끌었던 인드라 누이, 타타그룹의 라탄 타타 등 인도 출신 CEO의 활약상이 세계적인 관심을 모았다. 시사주간지 〈타임〉에서 '인도의 최대 수출품은 CEO'라고 했을 정도다.

그들의 어떤 점이 세계의 이목을 집중시켰을까? 유창한 영어 실력에 다민족, 다종교라는 국가 특유의 문화적 포용력도 있지만 무엇보다 예기치 못한 위기 상황에서 신속하게 문제를 해결하는 역량 때문이다. 인력, 자본, 기술 등 뭐 하나 충분치 않은 열악한 경영 환경에서 살아남은 그들의 근성과 생존력이야말로 지금과 같은 위기 상황을 돌파할 유일한 능력이다.

재미있는 것은 인도에서는 기업인뿐만 아니라 농촌에 사는 사람조차도 이런 역량을 가지고 있다. 인도에서는 자동차가 필요할 때 돈 한 푼 없어도 포기하지 않는다. 주변에 굴러다니는 재료를 끌어모아 세상에 단 하나밖에 없는, 자기만의 수제 자동차를 만든다.

양수기 모터나 폐차된 낡은 지프의 부품을 주워 모아 겨우 움직이게 만든 다음, 차체를 떼어내 나무판자로 짐칸을 만들고 지붕을 씌우는 식이다. 인도에서는 흔히 볼 수 있는 자동차인데, 이런 엉성한 차를 '주가드(Jugaad)'라 부른다.

인도의 타타그룹이 만든 초저가 자동차인 '타타 나노'는 시중에 나온 대표적인 주가드다. 2009년 출시된 이 자동차는 단돈 2,400달러면 살 수 있다. 인도 저소득층의 구매력에 맞춰 파워핸들, 에어컨 심지어 라디오 같은 옵션을 모두 빼고 부품 대다수를 플라스틱으로 대체하여 볼트 대신 접착제로 조립했기에 가능한 가격이다.

엉성하기는 하지만 이런 시도는 업계의 통념을 깨버렸다. 타타 나노는 선풍적인 인기를 끌며 출시 전 100만 대가 예약 판매되었고 2010년 미국 최고 혁신상인 에디슨 어워드 금상을 받았다.

주가드에 쓰인 개념은 자동차를 만들 때만 이용하는 것이 아니다. 이런 방식으로 만들어진 '초투쿨'이라는 소형 냉장고도 있다. 위에서 열고 닫는 방식으로 된 이 냉장고는 컴프레서와 냉매를 사용하지 않는다. 또 기존의 냉장고가 200개의 부품을 사용하는 데 비해 초투쿨은 10분의 1에 불과한 20개의 부품만 사용한다.

초투쿨이 소비하는 전력량은 기존 냉장고의 절반 수준이며, 고성능 단열재를 사용하므로 전력 공급 없이도 몇 시간 동안 냉장 상태를 유지할 수 있다. 또한 건전지로 작동시킬 수 있어 전기가 들어오지 않는 지역에서 쓰기에도 용이하다. 거기다 가격은 69달러에 불과하다.

주가드는 이제 인도 기업의 경영 철학을 상징하는 용어로도 쓰인다. 열악한 환경에서 한정된 자원을 가지고 문제를 신속하게 해결하는 방식, 그 자체를 의미한다. 그리고 이러한 경영 철학이자 문제해결 방식은 지금 우리에게 가장 필요한 방법이기도 하다.

단돈 2,400달러. 에어컨도, 그 흔한 라디오도
하나 없는 볼품없는 자동차. 하지만 '빠르게 달리는
이동수단'이라는 본질에 집중하면 플라스틱으로도
자동차를 만들 수 있다. 그런 사고방식이
최고의 혁신상을 낳는다.

—

세상을 바꾸는
파괴적 혁신의
씨앗

기업이 살아남으려면 '혁신'은 필수불가결하다. 그러나 쉽지 않은 일이다. 지금까지 기업 혁신을 이루고자 할 때 그 대상이 제품이든 생산 과정이든 시장이든 막대한 투자가 요구되었기 때문이다.

당장 눈앞의 위기를 막아내야 하는 시점에 비용을 충분히 써야 한다는 사실은 부담을 넘어 불가능해 보였다. 그래서 기업에게 혁신은 늘 어려운 과업이다. 하지만 우리는 앞서 이야기한 크고 작은 사례를 통해 '있는 자원만을 활용하여 위기를 대처하는 방식'으로도 얼마든지 적은 비용으로 빠르게 혁신을 이루어낼 수 있음을 알게 되었다.

이 분야를 꾸준히 연구해온 줄리엔느 센야드(Julienne Senyard)와 테드 베이커(Ted Baker) 같은 학자들도 투자할 능력이 부족하거나 없는 기업, 즉 신생 기업일수록 '새로운 문제를 해결하고 기회를 잡기 위해 당장 활용 가능한 자원을 결합하여 어떻게 해서든 목표를 달성하는 것'이 매우 요긴한 혁신의 방향이 될 수 있다고 강조한다.[5]

수공예품 전자상거래 업체인 엣시(Etsy)의 CEO였던 차드 디커슨(Chad Dickerson) 역시 적은 자원으로 문제를 해결하려면 필연적으로 어려움이 따르는데, 그러려면 모자란 자원의 가치를 극대화하는 방향으로 고민할 수밖에 없고 이때 창의성이 발현된다고 강조했다.[6]

한마디로 자원의 제약이 많은 상황에서 있는 자원을 활용해 문제를 해결하는 능력이 높을수록 그렇지 못한 기업보다 더 높은 수준의 혁신을 만들어낸다는 것이다.

이러한 방식으로 소프트웨어 개발자인 리누스 토르발즈(Linus Torvalds)는 PC 운영체제인 리눅스(Linux)를 개발했다. 1989년 핀란드 헬싱키 대학교에 재학 중이던 그는 대형 컴퓨터의 운영체제인 유닉스(Unix)의 교육용 버전으로 만들어진 미닉스(Minix)에 환멸을 느꼈다. '미닉스는 교육용으로 만들어진 거라 기능에 한계가 많은데 가격도 비싸고 다루기도 쉽지 않은걸.' 이러한 실망이 계기가 되어 그는 새로운 PC 운영체제를 개발하기로 마음먹었다.

그러나 당시 그가 가진 것이라고는 낡아빠진 인텔 80386 기반의 IBM 호환 PC 1대와 아직 다듬어지지 않은 컴퓨터 지식뿐이었다. 하지만 그는 포기하지 않았고 좌충우돌한 끝에 리눅스를 만들어냈다.

그의 어머니는 그를 두고 식어 빠진 파스타와 컴퓨터만 있으면 항상 재미를 느끼던 아이였다고 표현했지만, 그런 평범한 그가 마침내 세상을 바꾸는 파괴적인 혁신을 이뤄냈다. 그것도 낡아빠진 옛날 컴퓨터와 자신의 지식만으로 말이다.

특히 그는 자신이 만든 리눅스의 모든 소스를 처음부터 대중에게 공개함으로써 다른 혁신의 씨앗을 만들었다. 이러한 오픈소스는 많은 사람이 쓰고 있는 스마트폰 운영체제 안드로이드에도 활용되고 있다. 이 리눅스는 현재 서버용 운영체제 분야에서 마이크로소프트 윈도우와 대등하게 경쟁할 만큼 강력한 영향력을 행사하고 있다.

파괴를 넘어 시장을 초토화시키는 혁신, 이른바 '빅뱅 파괴자'라 불리는 기업의 혁신 전략을 면밀히 관찰한 래리 다운즈와 폴 누네스가 그들의 저서 《어떻게 그들은 한순간에 시장을 장악하는가》에서 강조한 '결합혁신(combinatorial innovation)'도 이와 같은 개념이다.

결합혁신의 핵심은 매우 창의적인 신제품을 기획하지만 그것을 구현할 때 기존의 부품이나 소스를 활용하는 것을 말한다. 신제품 개발에 따른 비용과 시간, 위험도 문제를 한꺼번에 해결하는 혁신 전략이다.

IT업계를 중심으로 전 세계를 휩쓴 표준전쟁의 결과로 수많은 범용 기술들이 양산되었는데, 이것들이 서로 결합하여 새로운 융합 기술 제품을 제작하는 데 기여하고 있다. 그래서인지 정보 기술, 바이오·생명공학 기술, 나노 기술을 비롯한 다양한 산업기술 생태계에서도 이런 방식을 추진 중이다.

모바일 통신, 카메라, 그래픽, 게임 등 점점 더 다양한 기술들이 담기는 스마트폰이나 '전기전자, 화학, IT, 신소재를 모두 합한 것이 곧 자동차'라고 할 만큼 다양한 기술 융합을 강조한 현대자동차의 광고는 이러한 기술생태계의 특성을 잘 보여주고 있다. 애플의 성공은 다양한 기술 분야 간의 결합뿐만 아니라 음악, 게임, 디자인, 그리고 인문학적 기반이 함께 어우러진 혁신적인 제품을 단기간에 연속적으로 개발한 데에 있다.

이런 거부할 수 없는 매력 덕분에 제품 개발자들 사이에서도 결합혁신 방식은 인기다. 새로운 부품을 단일 용도로 주문 제작하여 특화하는 것보다 이런 방식의 결합혁신이 훨씬 더 효율적이기 때문이다. 상품화하기까지 연구하고 시운전을 하는 데 드는 시간을 단축할 수 있고, 기존 제품이나 기술 역시 사용자에게 검증되었기 때문에 덜 위험하며 무엇보다 값싸다는 것이 매력적이다.

이러한 이유로 소프트웨어 기업들도 기존의 오픈소스만을 결합해서 짧은 시간 안에 새로운 제품을 만들어내기 위해 날밤을 새는 실정이다. 정해진 시간 안에 프로그램을 개발해야 하는 해커톤 같은 대회가 활발히 열리는 것도 그런 이유 때문이다.

—

DIY로
사업의 판을 키운
이케아

　'DIY(Do It Yourself)'라는 말을 많이 들어봤을 것이다. 말 그대로 직접 한다는 뜻이다. 이 말은 제2차 세계대전 이후 영국에서 물자 부족과 인력 부족 현상이 극심해지자, 이를 극복하기 위해 자신의 일은 자신이 해야 된다는 사회운동에서 비롯된 것이다.

　좁은 의미로는 일요목수, 도예, 자수 등 스스로 창작물을 만들어 쓰는 취미 활동을 가리키지만 넓은 의미로는 집수리나 정원 관리, 자동차 수리, 가구 제작 등에 필요한 물건을 직접 판매 또는 사서 만들어 쓰는 일까지 포함한다. 이

DIY 시장은 여가 시간 증대, 인건비 상승, 소비자의 절약 의식, 생활 스타일의 변화 등에 힘입어 급속히 성장했다.

프랑스의 브리코라마(Bricorama)나 미스터 브리콜라주(Mr. Bricolage), 미국의 로우스(Lowe's) 같은 DIY 매장은 거실, 침실, 주방, 욕실, 정원 등 집을 꾸미는 데 필요한 온갖 자재와 작업 도구를 다양하게 갖추어 놓고 판다. 심지어 직접 자동차 수리를 하고, 자신이 좋아하는 집도 지을 수 있도록 필요한 자재와 조립 도구까지 판매한다. 특히 완제품, 반제품은 물론이고 작은 부품별로 세분화하여 진열해두었는데, 이는 소비자가 자신의 취향과 능력에 따라 골라 사서 쓸 수 있게 하기 위해서다.

이케아(IKEA)는 29개국 355여 개 매장(2017년 기준)을 가지고 있는 스웨덴의 대표 가구 제조 기업이다. 한국에도 지점이 여러 개 있어 우리에게 더욱 익숙하다. 이 기업은 젊은 감각에 맞는 디자인과 저렴한 가격으로 많은 사람들에게 인기를 끌고 있는데, 물건까지 다양해 더욱 매력적이다. 침대, 소파, 패브릭, 커튼, 조명, 그릇, 욕실용품, 문구류까지 거의 모든 생활용품이 있다고 해도 과언이 아니다.

이 기업의 또 한 가지 매력적인 지점은 DIY 인테리어 전문 매장이라는 사실이다. 반조립 형태의 가구들을 사서 직접 조립할 수 있는데 그 덕분에 가격이 저렴하다. 또 매장에 이케아 가구만으로 인테리어 디스플레이를 해두었는데 이를 참고하여 집을 꾸밀 수도 있다. 있는 재료를 활용해 자기만의 독특한 인테리어를 할 수 있고 가격 또한 싸니, 이보다 큰 매력이 있을까.

이런 DIY 사업도 알고 보면 '있는 것을 활용해 전혀 다르게 해석하여 새로운 것을 만들어내는' 일이다. 이런 방식은 기업의 생존력을 기르고 혁신을 추구하는 데에만 응용할 수 있는 게 아니라 이렇듯 사업의 형태로도 확장될 수 있다. 또한 경영자뿐만 아니라 일반 사람들도 이런 창작 공간과 경험을 통해 얼마든지 '빈손의 창조자'들이 될 수 있으니, 그 또한 매력적이라 할 수 있다.

우리가 알던
쓰레기는
쓰레기가 아니다

앞서 강조했듯이 '있는 것을 활용해 새로운 것을 만들어
내는' 혁신 전략은 산업의 판을 바꾸고 그 영역도 확장할 수
있다. 그러한 대표적인 예가 바로 '업사이클링(upcycling)'이
다. 업사이클링이란 폐품이나 재활용품을 활용해 가치가
업그레이드된 새로운 제품을 만들어내는 것을 말한다.

우리에게 이미 익숙한 리사이클(recycle)과는 약간 개념이
다르다. 리사이클의 경우 제품을 다시 한번 사용하는 재활
용이란 의미에 가까운 반면, 업사이클은 이에 '업그레이드'
라는 의미까지 포함한다. 재활용품에 아이디어와 디자인을

더해 그 제품의 가치 자체를 한 단계 높이는 것이다.

고장이 난 텔레비전, 냉장고, 컴퓨터를 수거하여 수리한 다음에 재사용하는 것이 리사이클의 일반적인 형태라면 업사이클은 버려진 제품을 수거하여 제품 전체나 제품의 일부분에 예술성이나 창의성을 더하여 전혀 다른 쓰임의 제품을 만드는 것이라 이해하면 좋을 듯하다.

㈜알이(R.E.)는 '지구 구조대(Rescue Earth)'라는 뜻을 가진 제주도의 한 철거업체이다. 폐목재를 80% 이상 재활용하여 나무를 최대한 재순환시키면서, 상상력과 디자인을 더해 가구나 인테리어 제품을 제작하는 일을 한다.

수거한 폐목재는 최소한으로 가공하는 것을 원칙으로 한다. 그렇게 해서 만들어진 가구나 인테리어 소품은 커피 전문점이나 도서관에 납품되며, 이 아이디어로 제주 올레길의 스탬프함까지 만들었다. 이런 것이 앞서 말한 '업사이클'의 한 예이다.

에코파티메아리는 국내 최초 업사이클 전문업체이다. 버려진 자동차 안전벨트부터 아버지 정장과 구멍 난 양말까지 다양한 소재의 제품들을 재활용한다. 주로 의류, 양말,

지갑, 가방 같은 잡화를 생산하는데, 디자인이 독특해 여성 소비자들의 시선을 사로잡았다.

제품의 가격이 아주 저렴하다고는 할 수 없지만, 세상에 단 하나밖에 없는 제품이라는 특별함, 독특한 디자인, 예술성 그리고 소재에 담긴 스토리까지 이 모두가 가격에 대한 부담감을 상쇄시킨다.

업사이클 방식으로 사업을 시작해 성공한 사례는 한국뿐 아니라 세계 곳곳에서도 찾아볼 수 있다. 그래픽 디자이너 마커스(Marcus)와 다니엘(Daniel) 프라이탁 형제가 1993년에 설립한 스위스의 가방 제조 회사인 프라이탁(FREITAG)도 '업사이클' 제품이 중심이다.

오래되어 부분적으로 찢어진 트럭 방수 천을 명품 핸드백으로 재가공해 판매하는데, 세계적으로 인기를 끌고 있다. 방수 천 소재에다 자동차 안전벨트로 손잡이나 어깨끈을 만드니 어떤 제품보다 튼튼하고, 뛰어난 디자인까지 더해져 소비자들의 마음을 단숨에 사로잡은 것이다.

1년간 가방을 만드는 데 필요한 재료의 수량은 방수 천 200톤, 자전거 튜브 7만 5,000개, 차량용 안전벨트가 2만

5,000개에 이른다. 그런데 똑같은 디자인의 제품이 단 하나도 없다. 화려한 색상과 독특한 디자인으로 젊은이들의 눈길을 사로잡은 이 제품은 현재 전 세계 350여 개 매장에서 팔리고 있다.

미국 캘리포니아에 있는 모토 아트(Moto Art)도 유명한 업사이클 업체이다. 모토 아트는 폐기된 비행기의 부품을 모아 주로 가구를 만드는데, CEO인 데이브 홀(Dave Hall)이 우연히 모하비 사막에 위치한 항공기 매립지를 방문했다가 영감을 얻어 설립했다.

비행기 좌석의 모양을 그대로 유지해 거실용 소파를 만들고, 비행기 벽면은 사무실 인테리어로 활용된다. 승객의 짐을 넣는 비행기 좌석 상단의 수납장은 책꽂이로 탈바꿈한다. 비행기 날개는 재조립하여 침대로 변신하고, 비행기 유리는 장식용 액세서리를 만드는 데 사용된다. 버려지는 부품이 거의 없을 정도다.

사실 어떻게 보면 폐품에 지나지 않는 물건일지도 모르는데, 모토 아트의 가구는 매우 고가로 판매된다. 책상 하나에 3,000만 원이라고 하면 수준이 짐작이 되겠는가? 그런데도 수요가 있다는 것이 특이하다면 특이한 일이다.

이에 대해 다양한 분석이 있지만, 독특한 소재와 세련된 디자인, 재미있는 인테리어를 좋아하는 소비자들의 취향과 잘 맞아떨어져서 그런 것이 아니냐는 의견이 지배적이다.

이런 업사이클 업체들이 나름대로 자기만의 사업 영역을 확장해나가는 것을 보면, 한 가지 깨달음을 얻게 된다. 바로 '우리가 알던 쓰레기는 사실 쓰레기가 아니다.'라는 것이다. 물론 폐품으로만 보면 버려지는 물건에 불과하다. 하지만 관점을 달리하고 생각을 바꾸면 폐품도 얼마든지 가치 있는 제품의 재료로 쓸 수 있고, 이것을 하나의 사업으로 발전시킬 수 있다.

업사이클 제품들을 보면 친환경이라는 좋은 의도뿐 아니라 제작자의 창의성과 디자인, 예술성이 어우러져 동종 업계의 다른 제품들과 견주었을 때 충분히 제 값어치를 증명해내고 있다. 이런 상품을 만드는 기업들을 통해 우리는 있는 자원을 어떻게 활용하느냐에 따라 얼마든지 새로운 사업의 판을 만들어볼 수 있음을 알게 된다.

chapter 5

없애고 버릴 것들

———

없어도 도전하라,
기회가
눈앞에 있다

지금까지 '빈손의 창조자'가 어떤 방식으로 사고하고 행동하는지 살펴보면서, 그들의 역량이 지금 우리에게 왜 필요한지 그 중요성에 대해 이야기했다.

다시 한 번 강조하면 그들은 구할 수 없는 재료나 도구들을 얻으려고 노력하지 않는다. 주어진 환경에서 당장 쓸 수 있는 것들만 가지고 원하는 결과물을 만들어 목적을 달성한다. 물론 그 과정에서 뛰어난 '상상력과 창의성'을 발휘하는 것이 핵심이나, 그들은 타고난 천재이거나 많은 자원을 가졌다기보다는 '손재주꾼'에 가깝다.

그들에게 '결핍'은 단순히 부정적인 요소가 아니다. 오히려 창의성과 도전을 촉발시킨다. 이러한 사고체계가 작동하면 예술가는 주변에 널린 잡동사니로 예술작품을 만들고, 벤처기업가는 허름한 트레일러나 차고 안에서 혁신적 제품을 개발해낸다. 그들이 만들어낸 창조적 결과물의 원동력이 바로 이런 도전정신과 강인한 근성, 창의성인 셈이다.

쓰임을 달리하여 새로운 가치를 부여하는 통찰력, 있는 자원만으로 뭔가를 해결해내는 과정 속에서 꽃피는 창의성은 우리의 생존 역량을 강화시킨다는 점에서 매우 본받을 만하다.

그렇다면 어떻게 해야 그들처럼 사고하고 행동할 수 있을까? 이러한 핵심 자질을 기를 수 있는 방법은 무엇일까?

—

내가
가진 것이
최고다!

　지금까지 내용들을 두루 살펴보면서 느꼈겠지만, 당장 가진 재료와 도구만으로 목표로 한 무언가를 만들어낼 때 가장 중요한 것은 창의성이다.

　그렇다면 창의성이란 무엇인가. 창의성이란 '새롭고 색다른 방법으로 문제를 해결하는 인간의 특성'[1]을 의미한다. 창의성의 핵심 요소는 새로움과 문제해결 능력인 셈이다.

　그럼 창의성이란 어떻게 만들어지는 걸까? 타고나는 것일까? 아니면 습득할 수 있는 것일까? 어떤 사람이 창의적일까? 지능지수(IQ)가 높은 사람일수록 더 창의적일까?

그간에 이루어진 연구들을 살펴보면, 우리가 믿는 것과 별개로 사실 지능지수와 창의성은 상관관계가 없다. 1962년 시카고 대학교에서 수행된 연구에 따르면, 약 120 이상의 지능지수를 가진 사람의 지능과 창의성 사이에는 의미 있는 관계가 발견되지 않았다.[2]

캘리포니아 버클리 대학교에서 도널드 매키넌[3]이 비즈니스의 관점에서 수행한 연구 또한 특정 수준 이상의 지능과 창의성 사이에 아무런 관계가 없음을 보여주고 있다. 이러한 연구결과는 기업에서 일반적인 직무를 수행할 정도의 지능을 가진 사람들의 창의성은 그들의 지능과 관계가 없다는 점을 시사하고 있다.

그뿐만이 아니다. 지능을 구성하는 요인을 찾아내는 데 한평생을 바친 길포드[4]는 '지능 구조' 모형을 통하여 확장적 사고(divergent thinking)를 하는 사람은 단 하나의 정확한 해답을 찾아서 영역을 좁혀나가는 사고, 즉 수렴적 사고(convergent thinking)를 하는 사람보다 더 창의적이라고 주장한다.

결국 창의성은 타고나거나 높은 지능에 영향을 받기보다 사고하는 방법에 달려 있다는 뜻이다. 특히 어떤 것을 창조할 때 폭넓은 대안을 염두에 두고 심지어 기대하지 않았던 결과까지 수용할 수 있는 사고가 중요하다는 것을 보여준다.

기업의 관점에서 창의성을 분석한 세계적인 베스트셀러 《기업의 창의력(Corporate Creativity)》의 저자 알란 로빈슨과 샘 스턴은 책 서두에서 창의성이 나타나는 과정에 대해 아주 흥미로운 사례를 제시하고 있다.[5]

한국전쟁 당시 심리학자였던 폴 토렌스는 미 공군으로부터 조종사와 승무원들이 극한의 추위와 불길 속, 바다와 정글 또는 적진 후방에 고립된 극한 상황에서 생존할 수 있는 능력을 키우는 훈련 프로그램 개발을 의뢰받았다.

토렌스는 관련 연구문헌과 기존 훈련 프로그램을 조사하고, 2차 세계대전 당시에 이러한 상황에서 생존했던 군인들과 인터뷰를 하는 등 광범위한 연구를 진행하였다.

그런데 토렌스는 조사를 하면서 매우 놀라운 사실을 발견한다. 극한 상황에서 생존하기 위해 가장 필요한 것은 어떤 특정한 훈련 프로그램이 아니었다. 바로 창의성이었다.

생존자들의 증언에 따르면, 훈련 프로그램이나 모의 훈련을 아무리 많이 받아도 실제 상황에서는 항상 예측하지 못한 변수가 발생한다.

결국 이런 상황을 신속하게 극복하는 것이 핵심인데, 이때 훈련 방식을 그대로 적용하기보다는 그간 훈련을 통해 얻은 지식과 다양한 인생 경험이 뒤섞여 창의적이고 새로운 생존 방법을 고민하게 된다는 것이다.

이 사례만 보아도 알 수 있듯이 창의성은 어떤 훈련이나 연구, 일정한 지식을 습득하여 얻을 수 있는 것이 아니다. 오히려 부족하거나 곤란한 상황에서 어떻게 다른 방법으로 문제를 해결할지 끊임없이 생각하는 과정에서 발휘되는 것이다.

따라서 잠재된 창의성을 깨우고 싶다면 어떤 문제해결을 위해서 당장 가진 것들만으로 어떻게 해서든 이루어내려는 이른바 '빈손 도전'의 경험을 많이 해보는 것이 좋다.

오래전 학생들 사이에 유행했던 무전여행 같은 경험이 창의성을 기르는 데 도움이 될 수 있다. 가진 돈도, 아는 사람도 없는 어려운 상황에서 먹을 것을 구하고 쉴 곳을 마련하는 방법을 찾는 경험은 나중에 비슷한 상황에 닥쳤을 때 두려움을 없애주고 남들이 생각하지 못하는 문제해결 방안을 제시하는 데 훌륭한 훈련이 되기 때문이다.

오지에서 살아남는 방법을 찾아내는 '부시크래프트'는 자연이 주는 재료와 도구밖에 없는 환경에서 무에서 유를 창조한다. 손가락 하나 대지 않고 캔 깡통을 따고 주변에 버려진 마른 가지를 모아서 즉석 보트를 만들며, 버려진 비닐 랩으로 렌즈를 만든다.

이런 생존 노하우는 입을 다물지 못하게 할 정도로 창의적이다. 거듭된 '빈손 도전'의 경험으로 길러진 창의성은, 훗날 가진 것만으로 목표를 달성하는 데 핵심 자질이 된다.

"빈손으로 도전하라."
부족한 상황에서 그것을 극복하는 훈련이야말로
창의성과 근성을 기르는 최고의 방법이 될 것이다.

—

다시
긍정적인
사고

오프라 윈프리는 각종 언론을 통해 세계에서 가장 영향력 있는 인사로 꼽힌다. 시사주간지 〈타임〉은 오프라 윈프리를 '21세기 가장 영향력 있는 미국인 100인' 중 한 명으로 선정했고, 뉴스위크는 21세기를 '오프라의 시대'로 명명할 정도로 그 영향력을 인정했다. 경제전문지 〈포브스〉가 선정한 미국 흑인 중 최고 갑부(순자산 40억 달러)에도 꼽혔다. 부와 명예를 모두 움켜쥔 셈이다.

1986년 오프라 윈프리가 볼티모어 WJZ TV의 토크쇼를 처음 시작했을 때만 해도 그녀가 이처럼 최고의 텔레비전

토크쇼 진행자가 되리라고 예상한 사람은 아무도 없었다. 인터뷰를 하는 실력으로 보자면 매끄러운 진행으로 유명한 필 도나휴와 상대가 되지 않았기 때문이다.

그러나 그녀는 자기에게 부족한 저널리스트적 요소를 솔직함과 건강한 유머, 상대방에 대한 감정이입으로 상쇄해버렸다. 슬픈 사연을 갖고 나온 게스트를 보고 눈물을 흘리기 일쑤였고, 조금 저급한 우스운 이야기에도 스튜디오가 떠나가도록 큰소리로 웃었다.

스튜디오에 나온 게스트들은 자신의 고통과 아픔에 공감하고 함께 눈물을 흘리며 안아주는 그녀를 마치 이 세상에서 자기를 가장 잘 알아주는 사람이라고 생각하게 되었다. 그 덕분에 아무에게도 말할 수 없을 것 같던 가슴속 이야기를 공중파 시청자 앞에서 술술 쏟아놓았다. 어떤 미디어 전문가는 오프라의 토크쇼를 집단 상담치료라고 말하기도 한다.

오프라 윈프리가 TV 토크쇼의 진행자에서 이 시대의 새로운 영적 치유자로 추앙받을 수 있었던 이유는 무엇일까? 그녀가 살아온 삶이나 타고난 조건들은 긍정적이고 밝은 에너지를 유발하기보다 오히려 엄청난 시련에 가까웠다.

검은 피부, 100kg이 넘는 뚱뚱한 몸매, 지독히 가난했던 어린 시절, 미혼모와 군인 사이에서 태어나 어릴 때 외할머니 손에서 성장했던 환경, 9세 때부터 시작된 성폭행, 친척의 학대, 14세에 출산과 함께 미혼모가 된 사실, 2주 후 아기의 죽음으로 가출하여 마약 중독에 빠지는 등 말로는 다 표현할 수 없을 만큼 과거가 불행했다.

하지만 그 모든 것을 이겨내고 토크쇼의 여왕이 될 수 있었던 건 어렸을 적부터 가진 1가지 습관 때문이었다. 하루에 5가지씩 감사할 일들을 기록하여 이를 인생을 살아가는 데 필요한 에너지로 삼은 것인데, 다음은 감사 일기의 일부다.[6]

- 나를 시원하게 감싸주는 부드러운 바람을 받으며 플로리다의 피셔 섬 주위를 달린 것.
- 햇빛을 받으며 벤치에 앉아 차가운 멜론을 먹은 것.
- 머리가 엄청나게 큰 남자를 소개팅에서 만난 게일과 신이 나서 오랫동안 수다를 떤 것.
- 콘에 담긴 셔벗이 너무나 달콤해서 손가락까지 핥아 먹음.

자신을 휘감고 있는 불행에 좌절하기보다 작지만 당장 가진 모든 것에 행복해하고 감사했던 그 마음, 긍정적 사고가 오프라 윈프리를 오늘날 이 시대의 영향력 있는 인물로 우뚝 세웠다.

30년 동안 '우울'을 연구해온 미국 펜실베이니아 대학교 심리학부 교수이자 긍정심리학 창시자인 마틴 셀리그먼은 "긍정적 삶을 만들기 위해서는 외부의 도움보다는 자신의 의지가 훨씬 중요하다."며, "긍정적인 삶은 누가 가르쳐주거나 훈련시키는 게 아니라 스스로 발견하고 창조하면서 자기화의 과정을 이뤄내는 것."[7]이라고 말한다.

치열한 경쟁을 뚫고 서울의 명문 외국어고등학교에 입학한 M양은 합격의 기쁨도 잠시, 전교 상위 30% 안에도 들지 못한 초라한 성적표에 놀람 반 주눅 반으로 우울하기 짝이 없었다. 특히 영어의 비중이 높은 외고에서 해외 거주나 어학연수 경험이 없다는 것은 극복하기 어려운 치명적인 약점이었다.

중학교 때 최상위권 학생이었던 M양은 영어 지문을 해석하는 것은 문제가 없었지만 듣기와 말하기만큼은 친구들을 도저히 따라갈 수가 없었다. 해외 거주 경험이 있는 친구들은 영어를 모국어처럼 자유자재로 구사했고, 그 격차는 쉽사리 따라잡을 수 없을 것 같았다.

그렇다고 대학생들처럼 휴학하고 어학연수를 가거나 어려운 집안 형편에 조기 유학을 갈 수 있는 처지도 아니어서 M양의 고민은 나날이 깊어만 갔다.

그러다 어느 날 M양은 한 가지 결심을 했다. 그것은 바로 '집으로, 학교로 유학가기'였다. 집과 학교를 유학 온 미국이라 설정하고, 마치 미국에 있는 것처럼 한국어 사용을 자제하고 일상에서 영어 사용의 비중을 최대한 높였다.

일반 고등학교에 비해 영어 수업시간이 3배 정도 많았기 때문에 학교에서는 50% 이상 영어로 말하기가 가능했다. 매일 원어민 교사를 찾아가 짧게라도 대화를 나누고, 영어 수업시간을 적극적으로 활용했다.

M양은 1학년 동안 집과 학교에서 늘 영어를 사용하려고 노력한 끝에 영어 실력은 물론, 특히 영어로 말하기에 자신감을 가질 수 있었다. 영어 성적이 부쩍 올라가면서 내신 성적도 상위권에 안정적으로 안착한 M양은 결국 그 어렵

다는 미국 아이비리그 펜실베이니아 대학교에 우수한 성적으로 입학했다.[8]

미국 근처에도 가보지 못한 M양은 극복하기 어려운 약점을 자신에게 주어진 환경과 수단만 가지고 스스로 해결해냈다. 또한 나름의 창의적 방법을 생각하고 실천할 수 있었던 것은 어려운 가정 형편과 해외거주 경험이 없다는 사실에 좌절하지 않고, 주어진 환경에서도 얼마든지 할 수 있다는 긍정적 사고 덕분이었다.

벤처신화를 이룬 기업가들의 사례를 살펴봐도, 그들이 꿈을 실현할 수 있었던 것은 미래에 대한 낙관과 열정적인 도전정신 덕분이었다.[9]

국내 벤처기업 1호인 비트컴퓨터의 조현정 사장은 어린 시절 가정 형편이 어려워 초등학교를 졸업하고 총무로 전파사에서 일을 했다.

1973년 중학교 검정고시 준비를 결심했으나 기본 실력이 있을 리 없었고 형편상 학원에 갈 수 있는 처지도 아니어서 87일간 두문불출하며 오로지 독학으로만 공부했다. 그러고 나서 그는 당당히 합격했다.

이 합격은 그에게 더 큰 성공을 향한 마음의 디딤돌이 되었고 자신의 미래에 대한 확신을 심어주었다. '지금은 어렵지만 반드시 잘 해낼 수 있을 것'이란 자신에 대한 믿음과 이 믿음을 지키기 위한 노력이야말로 그의 가장 큰 재산이었다.

요즘 개량신약으로 눈에 띄는 실적을 올리고 있는 유나이티드제약의 강덕영 사장은 영업사원 시절, 새로운 거래처를 뚫기 위해서 보통 10번 이상 회사를 방문했다고 한다. 못 말릴 정도로 끈질긴 그의 근성과 열정에 질려 거래를 튼 병원도 많았다.

열심히 하다 보면 고객의 마음을 바꿀 것이란 낙관과 이에 따른 열정이 그를 이끈 것이다. 한번 고객이 되면 끝까지 신뢰를 잃지 않기 위해 최선을 다하는 그의 노력과 포기를 모르는 불굴의 개척정신이 더해져 지금 다국적 제약회사의 꿈이 영글어가고 있다.

날마다 감사한 일을 최소 3가지 이상 적어보자.
내 마음에 들어찬 긍정적인 에너지가
상상력과 창의성, 할 수 있다는 자신감의
원천이 되어줄 것이다.

틀에 박힌 건
너의 생각이다

"솔직히 매우 실망했습니다. 기술 수준도 거기서 거기인
데다가 사업 아이템도 틀에 박힌 듯 천편일률적이더군요.
100여 개 가까운 참가 팀이 모두 하나의 팀이 아닌가 하는
착각이 들 정도였습니다."

몇 년 전 전국 대학생 창업경진대회 심사를 맡았던 당시
산업통상자원부 산하 R&D 관련 기관 담당자가 털어놓은
얘기다.

기술은 물론 상상력도 부족하다는 지적이다. 100여 개

참가 팀의 사업 아이템이 공통적으로 어떤 정형화된 틀 안에서 벗어나지 못했다. 창업을 위한 사업 아이템은 이런 모습이어야 한다고 많은 사람들이 믿는 상식 수준에 머물렀지 그것을 뛰어넘는, 신선한 작품은 없었다.

던컨 와츠는 《상식의 배반(Everything Is Obvious)》에서 누구나 명백하고도 분명한 진리라고 믿는 상식의 한계와 본질, 직관의 오용과 실패 사례를 통해 누구도 의심해본 적 없는 상식의 치부를 파헤친다.

정치, 경제, 사회, 문화, 경영 등 다양한 분야의 사례와 구체적인 근거를 통해 맹목적으로 수용해온 많은 상식이 우리가 세상을 이해하는 데 도움을 주지만, 한편으로는 세상을 이해하는 우리의 능력을 심각하게 훼손시킨다고 주장한다.

생각의 근육을 유연하게 풀고, 색다른 자극으로 뇌를 마사지해 틀에 박힌 생각과 고정관념의 세계에서 떠날 때 우리의 생각의 틀은 넓어진다. 그렇게 만드는 힘이 바로 상상력이다.

지금은 상상력이 콘텐츠가 되고, 그 콘텐츠가 기술과

제품으로 구현되어 새로운 산업을 창출하는 시대이다. 1960년대 미국에서 방영된 공상과학 드라마 '스타트랙'에 나온 기술의 80%가 50여 년 만에 모두 현실화되었고, 세계적으로 흥행한 영화 '트랜스포머'에 나오는 로봇이 자동차가 되고 비행기가 된다. 그러나 기술 역시 언젠가는 현실화될 것이다.

휴대폰과 컴퓨터, 음반시장, MP3플레이어를 하나로 묶은 아이폰은 "애플은 제품이 아니라 감동을 판다."는 스티브 잡스의 말처럼 기술과 예술·인문학 융합의 대표 사례로 꼽힌다.

예술과 인문학의 융합이 의미 있는 것은 눈에 보이는 것만 보려 하는 우리의 생각을 확장시켜준다는 데 있다. 현실에서는 존재하지 않는 초능력을 가진 영웅들과 괴물이 나오는 신화를 보며 우리는 새로운 아이디어의 모티브를 얻을 수 있다.

지금은 불가능해도 상상 속에서는 무엇이든지 할 수 있다. 이런 상상력을 바탕으로 만들어진 영화나 소설, 시 등의 콘텐츠가 언젠가는 현실화될 수도 있다.

또한 시대를 바꾸는 기술 혁신 역시 대부분 기술과 인문학의 융합을 통해 이뤄졌다. 그래서 엔지니어들에게도 상상력을 키워줄 수 있는 예술과 인문학적 지식이 필요한 것이다.

원래 전혀 다른 용도로 만들어진 재료를 끼워 맞춰 생각지도 못한 새로운 것을 만들어내는 '빈손의 창조자'에게도 이런 상상력은 필수불가결한 것이다.

버려진 비닐 랩→렌즈, 고물 콤바인→우물 파는 기계, 비행기 날개→최고급 식탁 등 전혀 맞지 않는 엉뚱한 조합들을 가능하게 하는 것이 바로 상상력이다.

상상력은 정해진 용도에 사로잡혀 다른 것은 생각하지 못하는 우리의 고정관념을 산산이 부순다.

지금의 시대는 우리들의 상상력을 원한다. 그럼 어떻게 하면 상상력을 기를 수 있을까?

—

스케치하라,
생각을!

　상상력을 자극하려면 우리 주위에 널려 있는 콘텐츠를 활용해 다양한 체험을 해야 한다. 로버트 루트번스타인과 미셸 루트번스타인은 《생각의 탄생》이라는 책에서 역사 속 뛰어난 창조자들이 공통적으로 사용했던 13가지 사고법(관찰, 형상화, 추상화, 패턴인식, 패턴형성, 유추, 몸으로 생각하기, 감정이입, 차원적 사고, 모형 만들기, 놀이, 변형, 통합)을 소개한다. 지금부터 이를 참고하여 상상력을 자극할 수 있는 몇 가지 방법들을 소개해보겠다.

　물리학의 틀을 깨는 비범한 발상으로 노벨상을 수상한

알베르트 아인슈타인이나 리처드 파인만은 시각적 사고에 탁월했다고 알려져 있다. 시각적 사고란 어떤 아이디어가 생각나면 이를 정교한 이미지로 떠올리고, 상상 속에서 그 그림을 좀 더 구체적으로 다듬으며 완성시키는 것이다.

그들은 어떤 물리학적인 상황을 구체적인 형체가 있는 것처럼 보고, 느끼고, 조작하고, 변화를 관찰하되 이 모든 것을 머릿속에서 상상했던 것이다. 형상화(imaging)한 생각을 실제 그림으로 옮기며 빠진 것을 채워 넣고, 논리구조를 다듬는 과정을 통해서, 단순히 생각을 시각화해보는 것을 넘어 사람들과 그들을 둘러싼 세계를 재창조하는 데까지 이른다.

시각적 사고는 지속적으로 연습하면 습득할 수 있고 실력이 늘기 마련이다. 그러려면 맨 먼저 할 일은 주머니에 메모지와 필기도구를 언제나 갖고 다니는 것이다. 회의 중이거나 혼자 무언가를 골똘히 생각하다가 어떤 아이디어가 떠오르면, 머릿속에서 즉시 그것의 특징을 잡아 기본 모양을 상상으로 그려본다.

그렇게 상상한 것을 즉시 메모지에 옮겨 그리고서 구조를 바꿔보기도 하고, 다른 무엇을 끼워 넣기도 하고, 뒤집어보기도 하는 것이다.

형체도 없고, 당장은 논리적 체계도 서지 않아 생각을 형상화하여 그림으로 표현하는 과정을 여러 차례 반복해야 하지만, 중요한 것은 그 과정을 통해 점점 제대로 모양이 갖춰진다는 것이다.

이 과정은 화가들이 추상화를 그리는 작업과 유사하다. 물론 건축물 같은 어떤 사물을 머릿속에 떠올려 이를 그린 다면 구상화가 되겠지만, 어떤 개념이나 이론들을 그림으로 나타낼 때 이는 추상일 수밖에 없다. 그것들이 실제의 전모가 아니기 때문이다. 가장 뛰어난 추상작업은 드러나지 않은 특성과 관계를 단순화하여 보여주는 것이다.

현실세계에서는 불가능해 보이는 것도 우리 머릿속 상상 속에서는 가능하며, 상상 속에서 만들어진 그 엉뚱하고 기발한 생각이 그림을 통해 현실화되는 것이다. 아인슈타인의 상대성원리도 그렇게 만들어졌다.

머릿속에 떠오르는 심상을 손으로 그려내보라. 당신의 상상력은 더욱 힘을 얻어 가본 적 없는 우주로 거침없이 날아갈 것이다.

—

맛깔나게
생생하게

　스토리텔링은 말하고자 하는 바를 재미있고 설득력 있게
재구성하여 전달하는 것이다. 이때 말하는 사람과 듣는 사
람 사이에는 상상력이 상호작용을 한다. 이 방식은 여러 가
지로 유익하고 설득력 있는 커뮤니케이션 방법으로 많은
사람에게 이용되고 있다.

　스토리텔링을 잘하면 듣는 사람의 기분이 좋아진다. 듣
는 사람의 기분이 좋아진다는 것은 말하는 사람이 무슨 말
을 하고 싶은지 그 의도와 뜻이 상대에게 분명하게 전달되
었다는 뜻이기도 하다. 그러려면 스토리의 연결성과 논리

적 완결성을 모두 갖춰야 한다.

흔히 작가들은 스토리텔링을 할 때 구상한 스토리의 구조를 기본 틀로 삼아 낱말과 문장들을 결합하고 거기에 살을 붙여 맛깔나고 때로는 슬픈 이야기를 만들어낸다. 이 과정에서 작가들마다 마치 뜨개질하듯 자기 나름의 독창적인 '패턴형성' 기법을 발휘한다.

상상 속 작품세계에서 에피소드들을 병치하고, 때로는 반전을 시키기도 한다. 또한 스스로 작품세계 속 등장인물이 되어 작품의 일부가 되기도 한다. 나 자신이 아니라 '스스로 이해하고 싶은 사람'이 될 때 가장 완벽하게 이해할 수 있기 때문이다. 다른 사람의 몸과 마음을 통해 세계를 지각하는 '감정이입'이 바로 이것이다.

효과적인 스토리텔링을 위해서는 《생각의 탄생》에서 말하는 감정이입적 상상력이 필수적이고, 스토리텔링을 거듭하면서 이는 더욱 촉진된다.

상상력을 기르고 싶다면 먼저 스토리텔링 방식으로 대화해보라. 팩트만 밋밋하게 나열하는 것보다, 상상력을 발휘하여 스토리 속 등장인물이 살아 움직여 말하는 듯한 방식으로 전달하면 듣는 사람들이 훨씬 집중하고, 더 많이 공감할 것이다.

비주얼 스토리텔링(visual storytelling)은 스토리를 구성할 때 스토리 안에 담길 콘텐츠에 그림을 더하는 것으로, 우리들의 상상력을 더욱 자극한다.

그냥 머릿속에서 이야기를 구성하는 것보다 그림을 그려가며 설명하는 방법이 더욱 구체적이고 앞뒤가 맞는 그럴듯한 이야기를 지어내기 훨씬 쉬운 것과 같은 이치다.

세상은 어찌 보면 모두 미디어다. 책, 영화, 만화, TV만 미디어가 아니다. 심지어 나 자신도 다른 사람에게는 미디어다. 따라서 이 세상 모든 것을 통해 우리는 많은 것을 배울 수 있다.

길거리는 온통 광고판이다. 간판은 나를 봐달라고 애원한다. 지나가는 사람들도 다 광고판이다. 브랜드가 붙지 않은 옷이나 가방, 액세서리는 찾아보기 힘들다. 패션 디자이너 조르지오 아르마니는 패션쇼가 아니라 길거리 행인들의 옷차림에서 앞으로 부상할 패션 트렌드를 잡아낸다.

머릿속으로 상상한 것이 눈앞에서 움직이도록
말하라. 스토리텔링을 잘하는 사람일수록 자신의
상상력은 물론이고 듣는 사람의 상상력까지
자극한다.

———

아직도

더 많은

길이 있다

영국의 의사이자 심리학자인 에드워드 드 보노(Edward De Bono)는 문제해결의 상황에서 인간이 하는 사고방식을 수직적 사고(Vertical Thinking)와 수평적 사고(Lateral Thinking) 2가지로 분류한다.[10]

수직적 사고는 해결해야 할 문제에 대한 접근방법이 분석적이고 순차적이다. 정보를 활용하며 의사결정을 하는데 합리적 평가를 하는 것이 무엇보다 중요해서다. 이런 의식적인 접근을 하는 사고 방법이 바로 수직적 사고다. 반면 수평적 사고는 무의식의 영역에 더 의존한다. 직관, 위험 감수, 상상력을 더하는 사고방법이다.

수직적 사고를 하는 사람들은 창의적이고 다면적으로 생각하기보다는 실패를 피하기 위해 외부 자료에 의존하여 순차적으로 접근하는 경향이 높다. 타당성을 기준으로 가능성이 낮은 방법을 하나씩 제외시킨다. 그리고 논리적으로 가장 타당한 것, 수집된 정보들을 고려할 때 가장 맞는 하나의 대안을 선택한다.

따라서 수직적 사고를 하는 사람들은 '지식의 깊이(depth of knowledge)'가 중요하며, 그들이 도출한 해법이 구체적이고 논리적으로 합당한지 따진다.

그러나 수평적 사고를 하는 사람들은 '지식의 폭(breadth of knowledge)'을 더 중요하게 생각한다. 따라서 같은 문제에 대해 얼마나 다양한 해법을 만들 수 있는가를 따진다.

A점에서 B점으로 가는 길을 묻는다면 수직적 사고를 하는 사람은 단순히 A와 B를 잇는 직선을 그리지만 수평적으로 생각하는 사람은 A와 B의 점 사이에 존재할 수 있는 다양한 경로를 상상하고, 그것을 거미줄처럼 그린다.

1+1=2를 풀어내는 데 필요한 것이 수직적 사고라면 수

평적 사고는 무수한 점과 선으로 이루어진 그림을 그리는 것과 같다.

수직적 사고는 해결책을 찾을 때 효율적이긴 하나 독창성은 결여될 수밖에 없다. 그래서 현실을 뛰어넘는 혁신적인 아이디어는 수직적 사고를 통해서 나오기 어렵다고 말하는 사람도 있다.

자동차왕 헨리 포드의 말을 빌리면, 말이 가장 보편적인 이동수단이었던 시절에 보통 사람들에게 무엇을 타고 싶은지 물으면, 대개 더 빠른 말(faster horses)이라 대답했다고 한다. 자동차라는 전혀 다른 형태의 이동수단은 애초에 생각하지 못한 것이다.

콜럼버스가 서쪽 항로를 택해 출항했을 때 선원들은 서쪽으로 항해한다고 생각했지만 콜럼버스는 유럽의 동쪽에 있는 인도로 간다고 굳게 믿었다.

당시 대부분의 사람들은 지구가 편평하다고 믿었지만 콜럼버스는 오랜 항해 경험을 바탕으로 천문학자 토스카넬리 등이 주장한 지구 구체설을 확신하고 있었던 것이다.

수평적 사고를 하는 사람은 이처럼 추론과 상상을 통해

창의적인 아이디어를 만든다. 그들의 특징을 좀 더 자세히 살펴보자.

1. 일반적인 패턴에 제약을 받지 않고 자신만의 방법을 더 선호한다.
2. 창의적이고 다면적인 사고를 한다.
3. 실수를 두려워하지 않는다. 왜냐하면 실수로부터 배우기 때문이다.
4. 세세한 부분에 얽매이지 않고 전체 그림의 틀에서 생각한다.
5. 고려해야 할 모든 것을 감안하기 전에 행동하는 경향이 있다.

당신은 수직적 사고를 하는 사람인가, 수평적 사고를 하는 사람인가. 효율성을 따지는가, 다양한 방법의 가능성을 따지는가. 그 사고의 방식과 추출해낸 방법의 개수만큼 당신이 문제를 해결할 수 있는 비책이 결정된다.

―

3가지
유형을
기억할 것

창의성이나 혁신적인 아이디어는 다른 분야 지식들의 상호작용 속에서 더욱 활발히 나타난다. 이는 지식경영과 복잡계 이론 등 여러 학문 분야에서 이미 검증된 이론이다. 서로 다른 아이디어 간의 상호작용, 즉 '창조적 마찰'(creative abrasion)[11]은 신기술 및 신제품 개발 성과를 증진시키는 요소이다.

이러한 원천 기술이 다른 여러 재료를 끼워 맞추는 작업은 H, A, T의 알파벳 모양으로 표현할 수 있다. H, A, T의 유형은 문제해결을 위한 사고의 방법을 나타낸 것이다.

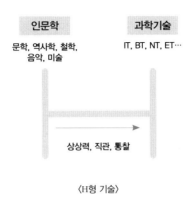

〈H형 기술〉

H형 역량은 한 분야에서 그 지식과 관련된 응용분야에 대한 이해(세라믹과 전자재료 혹은 생체재료)를 강조하는 일반적인 융·복합 기술과 다르다. 같은 영역 안에서 2가지 이상 다른 분야 지식의 통합(IT기술 +섬유기술=스마트섬유)을 강조하는 형태와도 다르다.

H형 역량은, 통합이 불가능한 전혀 다른 영역의 지식(예를 들어 음악과 요리, 문학과 과학기술)으로부터 상상력과 직관, 그리고 통찰을 얻어내는 방식을 의미한다. 앞서 예로 든 '난타'를 생각해보라. 요리라는 작업을 바라보면서 타악기 연

주라는 직관을 끌어낸다.

시리아 혈통의 입양아, 비행 청소년, 대학 중퇴자, 히말라야를 떠도는 선(禪) 수행자, 채식주의자, 독불장군 등 독특한 개성과 이력을 가진 역사상 가장 창의적인 경영자 스티브 잡스. 컴퓨터라는 기계 덩어리에 인간의 숨결과 꿈을 불어넣은 그는 창의적인 만큼 몽상가라는 비난도 많이 받은 사람이다. 그 때문에 스티브 워즈니악과 함께 자신이 창업한 애플에서 쫓겨나기도 했다.

2010년 1월 27일, 컴퓨터 세상의 지평을 바꿀 아이패드를 처음 선보이는 발표회에서 그는 다음과 같이 의미심장한 말을 한다.

"아이패드가 만들어진 것은 애플이 기술과 인문학의 갈림길에서 늘 고민해왔기 때문입니다. 사람들은 새로운 기술을 따라잡으려 애쓰곤 합니다. 그러나 사실은, 기술이 사람을 따라와야 하는 것입니다. 이것은 기술과 과학의 영역을 넘어선 예술품입니다."

기술은 기술 자체로 존재하는 게 아니다. 사람들이 이용하기 쉽고 재미있어야 하는 인문학이어야 한다. '상상력과 직관을 통해 원래 좋은 물건을 훨씬 더 좋게 보이도록' 만드는 스티브 잡스의 기술철학은 그가 가진 독특한 이력에 힘입은 바가 크다.

예컨대 스티브 잡스는 철학을 공부했으며, 한 학기 만에 중퇴하지만 18개월 동안 대학에 머물면서 여러 강좌를 들었고, 특히 캘리그래피(서체를 디자인하는 시각 디자인의 한 분야) 수업을 주의 깊게 들었다. 이런 경험은 훗날 그래픽 사용자 인터페이스(GUI, Graphic User Interface)를 개발하면서 수려한 글자체를 만들어내는 데 큰 도움이 되었다.

인간의 과거와 현재, 그리고 미래를 성찰하는 학문인 인문학이 아이패드와 같은 혁신적인 제품의 개발 단계에 영감을 주었다는 것은 인문학 위기에 처해 있는 우리에게도 시사하는 바가 크다.

산업의 지도를 바꿀 정도의 파괴적인 혁신은 오직 상상력과 직관, 통찰에 의해 나온다. 중대하고 긴박한 위기와 기회의 순간에 사람의 상상력과 직관력, 통찰력은 매우 중요한 기능을 한다.

현재 '인문학적 상상력'이란 말로 상징화된 H형 역량은 극한의 첨단을 추구하는 신기술 산업에서 새로운 리딩엣지가 될 것이다. 스티브 잡스가 뛰어난 것은 바로 이 점을 확실하게 보여주었다는 점이다. 늘 긴박한 상황에서 가슴을 죄며 사활을 걸고 승부를 벌이는 CEO와 기술개발자들에게, 그는 언제나 색다른 통찰을 던졌다.

A형 역량은 알파벳 모양 그대로, A의 두 다리가 1개의 꼭짓점에 모이는 형태처럼, 2가지 (그 이상) 분야의 전문지식을 하나로 통합할 수 있는 능력이다. 요즘 국가적으로 많이 논의되고 있는 기술 융·복합의 대표적인 형태이다.

예를 들어 디지털 컨버전스라는 유행어까지 만들어낸 IT 융합은 현재 정부차원에서 강력하게 추진하고 있는 대표적인 A형 역량이다.

최근 사비나 미술관에서는 전시된 작품마다 QR코드를 부착하여 관객들이 스마트폰을 이용해 작품에 대한 자세한 설명을 들을 수 있도록 하고 있다. 미술과 SNS의 A형 결합이다. 이러한 방식은 경매나 화랑 등 전통성 강한 미술 시장에 신선한 자극을 주었다.

제품의 개인화와 다양화, 급격한 소비자의 욕구 변화에

바이오인포매틱스 | 휴먼인터페이스
바이오매트릭스 | 바이오컴퓨팅 | 바이오닉스

BT		IT
유전체학		컴퓨터
단백체학		반도체
분자생물학		무선이동통신
세포공학		디스플레이
조직공학		인터넷

〈A형 기술〉

주목하고 있는 최근의 경영 환경에서 동시다발적인 제품 혁신과 개발기간을 단축하는 일은 기업의 필수 전략이다. 제품이 경쟁력을 가지려면 기능의 다양성과 변형이 쉬운 융·복합 기술이 충분히 녹아들어 있어야 한다.

　최근 기술의 생존기간을 의미하는 기술수명 주기가 급격히 단축되고 있는 것도 융·복합 기술의 경쟁력에 큰 영향을 주고 있다.

　진공관에서 트랜지스터, 반도체로 이어지는 기존 기술의 파괴적 혁신에 비해 시장 주도적이며 기술보다는 제품 테마를 먼저 생각한 후 이를 구현하기 위해 기존 기술의 융합과 복합을 꾀하는 하이브리드 기술이 바로 그것이다. 이러한 기술은 생산성 면에서 연구·개발의 시간과 비용이 훨씬 적게 들 수밖에 없다.

예측할 수 없을 만큼 빠르게 움직이는 기술변화 추세에 신속하게 대응하려면 기존 기술의 융·복합을 반드시 고려해야만 하는 세상이다. 기존의 R&D(Research&Development, 연구·개발)에 대응하는 방식으로 S&D(Search&Development, 탐색·개발)를 고민해봐야 한다. '새로운 기술 개발이 신제품 개발로 이어지는 방식'에서 '제품 아이디어를 구현할 수 있는 기존 기술의 탐색이 신제품 개발로 이어지는 방식' 말이다. 앞서 강조했듯이 '있는 것을 끼워 맞추는 것'이다. S&D를 위해서는 신제품 개발팀의 A형 역량이 필수적일 것이다. 개발팀을 이끄는 사람들에게 더욱 요구되는 기술이다.

마지막으로 T형 역량을 가진 사람은 자기 전공분야에 전문적인 지식을 가지고 있을 뿐만 아니라, 그 지식과 다른 분야와의 관련성 혹은 응용 가능성에 대해서도 잘 알고 있다.[12]

예를 하나 들어보자. 먼저 머릿속으로 알파벳 T를 그린다. 누군가 세라믹 제조에 관해 깊은 지식을 가지고 있다면, 이 지식은 알파벳 T의 수직기둥에 해당한다.

그런데 그 기술자가 세라믹 제조 기술과 인공 치아, 인공 뼈, 효소반응 운반체 등 생체 재료가 어떻게 연관되어 있는지를 잘 알고 있다면 그는 알파벳 T의 가로축, 수평막대기를 가지고 있다고 할 수 있다.

T형 역량을 가진 이들은 혁신적인 신제품 아이디어를 만들어낼 준비가 확실히 되어 있는 사람들이다. 고객과 협상할 때 예측하지 못했던 변수가 등장해도 서로가 만족할 수

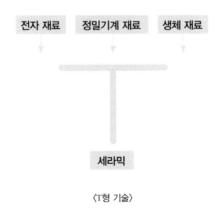

〈T형 기술〉

있는 결론을 순발력 있게 유도하는 등 변하는 상황에 빠르게 적응하는 이들이 바로 그들이다.

"하나만 알고 둘은 모른다."라는 말이 있다. T형 역량을 가진 사람들은 그와 정반대에 선 존재들이다. 조직 안에서 잠재된 지식을 표면으로 이끌어내 상황이 요구하는 문제 해결에 효율적이고 효과적인 역할을 할 수 있는 인재들이다.[13]

—

미래
메이커들이
탄생할 공간

미국의 저명한 경제학자인 제레미 리프킨은, 미래의 직업은 자동화 기반 아래 빅데이터를 만들고 분석하거나 알고리즘을 설계하고 관리하는 분야와 비영리 분야의 교육과 의료, 문화 분야에 집중될 것이라고 예측했다.

미래 인재는 의문을 갖고 질문하고, 창의적 사고를 통해 새로운 문제를 찾아내고 정의하고 해결하는 역할을 해야 한다. 문제별로 특화된 지식과 인공지능을 만들어내고 이를 창의적이고 감성적으로 활용하는 역할을 맡게 될 것이다. 이러한 역할을 수행하기 위해 고객 및 동료와 상호작용하고 소통하며 팀워크를 이루고 교감해야 한다.

그런데 이 역량은 별도의 교과목을 만들어 강의실에서 직접 가르칠 수 없고 평가하기도 힘들다. 그렇다면 이러한 역량을 어떻게 기르게 할 것인가?[14]

지난 2015년 한국공학한림원이 교수와 학생 700명을 대상으로 한국 공학교육의 문제점에 대해 설문조사를 실시했다. 눈에 띄는 점은 미래사회를 준비하기 위해서는 공학교육 혁신이 필요하다는 응답이 80%가 넘게 나온 것이다. 우리나라 공학교육에서 가장 부족한 점과 개선돼야 할 부분은 현장실무능력 배양(21%)이었고, 이론·강의 중심 수업으로 인한 창의적 문제해결 능력 부족(18%)이 다음으로 지적됐다.[15]

이러한 조사 결과는 오늘날 우리나라 공학교육의 문제를 명확히 짚어내며 미래 인재를 키워야 할 우리에게 해결해야 할 숙제를 던지고 있다. 기술이 급속히 발전하고 산업, 사회, 경제의 패러다임이 완전히 달라졌는데도 교육은 거의 변하지 않았다. 시험문제가 모호하거나 정답이 조금만 불명확하면 난리가 나고, 수능시험이 조금만 쉬우면 변별력이 떨어진다고 법석을 떠는 것이 우리의 현실이다.

상황에 맞는 문제해결 능력보다 아직도 정답을 찾아내고 점수로 환산하는 것을 더 중요하게 여기는 것이다. 하지만 살면서 우리가 접하게 되는 문제들은 해결 과정이 명확하거나 분명한 정답이 존재하지 않는다. 그때그때 상황에 맞게 순발력과 융통성, 상상력과 근성을 발휘하여 해결해야 하는 것들이 훨씬 더 많다. 현장에 대한 이해력과 문제해결을 위해 인재들의 창의성을 기르는 것은 공학뿐만 아니라 우리나라 교육 전반에 걸쳐 시급히 해결해야 할 과제다.

공학교육혁신협의회 회장을 지낸 송성진 교수는 4차 산업혁명으로 대변되는 미래사회의 특징을 빠른 변화 속도, 광대역 융·복합으로 꼽는다. 그는 우리나라 대학이 학과 간의 벽, 강의 위주의 교육 등 기존 틀에 머물러 빠른 변화에 대응하지 못하고 있다고 지적했다. 또한 적응력 부족과 학령인구 감소로 공과대학이 생존 기로에 몰리는 것이 불 보듯 하다고 안타까워했다.

송 교수는 "학령인구 감소에 따른 대학 구조개혁은 피할 수 없는 현실"이라면서 "더 큰 문제는 대학이 과연 미래 사회에 대응할 능력이 있느냐는 것"이라고 지적했다.

그는 교수 강의를 일방적으로 듣는 강의실 모델은 지양하고, 실험·실습 위주의 창작 공간을 늘리자고 했다. '교수의 강의'에서 '학생의 학습'으로 패러다임 전환을 요구했다. 또한 교수 평가·채용은 빠른 변화 속도에 대응할 수 있도록 유연성을 높이고 산업계 전문가에도 개방하자고 주장했다.[16]

교육부는 2023년 대학 입학자 정원이 39만 8,157명으로 현재 정원보다 10만 5,000여 명 감소할 것으로 예상하고 있다. 그런가 하면 한국과학기술기획평가원(KISTEP)은 기업이 평가하는 공대 졸업생 역량이 기대 수준보다 6~13.7점 못 미친다고 발표했다.

한국공학교육인증원 송동주 부원장은 현재 부진한 인더스트리 4.0('4차 산업혁명'이라고도 불리며 제조업의 경쟁력 강화를 위해 전 세계적으로 추진되고 있는 제조업 성장 전략)의 타개책 중 하나로 메이커 운동의 도입과 스스로 만드는 문화의 배양을 특별히 강조한다.[17]

우리가 이렇듯 공대교육의 개선방안을 논의하고 있을 때, 선진국의 교육은 어떤 방향으로 나아가고 있을까. 명문 공대인 올린 공과대학을 예로 들어보자. 올린 공대는 하버드, MIT와 버금가는 미국의 신흥 명문 공대다. 짧은 기간에 명문으로 올라선 요인은 기존 공과대의 교육체계에 일대 혁신을 일으킨 데 있다.

다른 공대는 먼저 이론을 가르친 다음 적용 원리를 가르치지만 올린공대에서는 신입생부터 프로젝트 중심의 공대 교육을 지향하고 있다. 자동차 엔진을 직접 제작하기도 하고 무선 감지기를 통해 우편함에 우편물이 도착했는지를 알려주는 신제품을 직접 만들어볼 정도로 현장 교육을 강조한다.

4학년이 되면 모든 학생은 4~5명 단위로 팀을 만들어 모토로라 등 유수의 기업들과 함께 신제품을 개발하는 프로젝트에 직접 참여한다.

감각적 디자인과 소비자 중심 제품을 개발할 것을 강조하는 것도 이 학교의 특징이다. 아무리 기술적으로 뛰어난 제품을 개발해도 소비자들이 원하지 않으면 성공할 수 없다는 믿음에서다.

대학 설립정신이 '실험과 혁신'인 만큼 전형과정도 혁신적이고 실험적이다. SAT, 고교성적, 에세이 등을 평가하여

1차 합격자를 걸러낸 다음, 이들을 학교가 주최하는 '후보자 위크엔드'에 초청한다.

1차 합격자들은 5명 단위로 팀을 이뤄 주어진 재료와 시간 내에 뭔가를 만들어서 교수, 올린 공대 선배, 직원 등으로 구성된 심사위원을 상대로 프레젠테이션을 해야 한다.

이 프레젠테이션은 창의성, 팀워크, 혁신성, 학업에 대한 열정 등을 중점적으로 평가한다. 또한 토론 평가를 통해서 의사소통과 팀워크 역량도 검증한다. 이런 과정을 거쳐 최종적으로 올린 공대의 교육목표에 부합하는 학생을 선발한다.[18] 올린 공대의 교육체계와 신입생 전형방법은 공학교육 혁신이 시급한 우리나라에서 반드시 참고해야 할 귀중한 사례임에 틀림없다.

우리나라 학계, 산업계, 국가기관을 아우르는 대표적인 공학기술인들의 단체인 한국공학한림원은 2017년, 이들의 관점에서 새로운 국가비전을 제시했다. '기회의 창을 여는 대한민국'을 비전으로 내세워 이를 위해 '기업가형 개방국가'와 '혁신하는 학습사회'를 정책목표로 제시했다.

'기업가형 개방국가'는 개방적 환경 속에서 과학기술의

발명과 발견이 넘쳐나고 이를 바탕으로 시장에서 혁신하는 기업가들이 끊임없이 출현하는 국가이다. '혁신하는 학습사회'는 개인이나 기업 등 경제주체들이 학습을 통해 끊임없이 자기혁신을 도모하고 정부는 효과적인 정책으로 학습을 촉진하는 사회로 정의한다.[19]

두말할 것도 없이 앞서 살펴본 공학교육 혁신의 방향들은 우리나라를 기회의 창을 여는 국가로 만들기 위한 첫걸음이자 가장 중요한 일이다. 공과대학 학생들은 온갖 잡동사니들이 어지러이 널린 대장간 같은 작업장에서 동료들과 함께 쉼 없이 뭔가를 끼워 맞추고 만들어내야 한다.

책상에 앉아 공부만 하는 '책 똑똑이(book smart)'보다 현장에서 다양한 경험을 쌓으며 창의적인 문제해결 능력을 기르는 '스트리트 스마트(street smart)'가 되어야 한다.

충분하지 않은 시간과 자원, 한정된 공간과 조건에서도 지금 당장 쓸 수 있는 자원과 지식을 결합해 멋진 해결책을 만들어내는 자세를 배워야 한다. 모든 것이 갖춰진 완벽한 조건 아래에서 창조는 일어나지 않는다.

생존력을 높여줄

6가지

행동 원리

자, 지금까지 '빈손의 창조자'에게 필요한 역량을 어떻게 기를 수 있는지 살펴봤다. 특히 그들이 문제해결을 할 때 발휘하는 창의성, 상상력, 긍정적 사고, 도전정신 등을 어떻게 기를 수 있는지 알아보았다. 마지막으로 그러한 사고 방식을 바탕으로 어떻게 행동하면 좋을지, 그들의 행동원리 6가지를 정리해보려 한다.

첫째, '재료와 도구의 원리'는 무언가 새로운 것을 만들 때 필요한 재료와 도구를 구입하기보다는 이미 가지고 있는 재료와 도구를 최대한 활용하여 신속하게 만들어내는 것이다.

1. 재료와 도구의 원리	당장 활용할 수 있는 이미 존재하는 것들을 가지고 신속하게 새로운 것을 만들어낸다.
2. 결합의 원리	서로 딱 들어맞거나 어울리지 않는 것을 뒤섞음으로써 새로운 것을 만들어낸다.
3. 짜깁기의 원리	이 세상 만물은 현재의 필요에 맞게 만들어진 이전 것들의 짜깁기 또는 변통이다.
4. 목적과 수단 전용의 원리	어떤 작업에서 목적이 되었던 재료는 다른 작업에서는 수단이 될 수 있다.
5. 가치-사용처 결정의 원리	세상 만물의 쓰임새와 가치는 사용되는 곳에 따라 달라진다.
6. 사물-사고의 원리	사물(예:사진)은 사고(스토리)를 촉발하는 매개체다.

전북 장수의 박병천 군이 처음 인공부화기를 만들기로 했을 때, 못 쓰는 음료수 냉장고에 온도조절용 센서와 환기용 팬 등을 설치하고 두부판을 엮어 만든 전란 틀에 자동 모터까지 달아 자동부화기를 완성했던 사실을 기억해보라.

둘째, '결합의 원리'는 서로 꼭 맞지 않은 것들을 뒤섞어 새로운 것을 만들어내는 것이다. 고물로 농기구를 만든 농부 노완수 씨를 떠올려보라. 그의 손을 거치면 고장 난 청소기, 우산, 못 쓰는 선풍기 날개 등 온갖 잡동사니들이 끼워 맞춰져 자동식 깨 분리기, 회전식 주방기기 걸이 등 기발한 아이디어 제품으로 재탄생된다.

셋째, '짜깁기의 원리'는 이 세상 만물은 현재의 필요에 맞게 이전 것들의 짜깁기 또는 변통이 이루어진다는 뜻이다. 혁명적인 제품으로 일컬어지는 스마트폰은 제품 자체로는 혁신적이나 하드웨어로는 이미 이전에 개발된 기능별 부품들의 짜깁기라는 사실을 주목해야 한다. 세계 곳곳의 메이커 스페이스에서 제작되는 제품들도 대다수가 범용 부품들을 편집함으로써 만들어지고 있다.

넷째, '목적과 수단 전용의 원리'는 어떤 작업에서 목적이 되었던 재료가 다른 작업에서는 수단이 될 수 있다는 것이다. 이 원리는 앞서 설명한 원리들에서 이미 내재되어 있는 것으로 결합과 짜깁기, 편집의 재료가 되었던 부품들은 이전 단계에서는 그 부품 자체가 목적이었던 제품들이다. 시장에서 유통되고 있는 모든 제품은 그 자체로 또 다른 제품혁신의 재료가 되는 이른바 '레고블록 혁신'의 기본구조를 이룬다.

다섯째, '가치-사용처 결정의 원리'는 세상 만물의 쓰임새와 가치는 사용되는 곳에 따라 달라진다는 뜻이다. 프라이탁 가방이나 모토 아트의 가구들은 쓰레기를 명품으로 바꾼 이른바 업사이클 제품들이다. 뿐만 아니라 스티브 잡스의 아이폰이나 구글 맵의 결합과 짜깁기 작업을 통해 만들어진 혁신적인 제품의 부품들 역시 그 부품 자체의 가치를 극대화한 것이다.

여섯째, '사물-사고의 원리'는 사물은 사고를 촉발하는 매개체라는 점을 강조한다. 앞서 언급한 기발한 발명가 노완수 씨는 어떤 기구가 필요해서 만들기로 작정했을 때, 맨 먼저 하는 일이 플라스틱 통, 녹슨 기계 부품 등 온갖 잡동사니가 가득 쌓인 자신의 집 마당 한구석을 뚫어지게 바라보며 뭔가를 골똘히 생각하는 것이었다.

잡동사니들을 바라보는 그의 머리에는 온갖 상상과 아이디어가 휘몰아친다. 세계 예술사를 빛나게 장식하고 있는 수많은 화가나 작곡가가 왜 산책을 습관처럼 즐겼는가를 생각해보면 이 원리는 쉽게 이해가 될 것이다. 이는 마치 눈에 보이는 사물의 모습과 속성을 새로이 정의하여 생각하지 못한 새로운 무언가를 만들어내는 창의성을 발휘하는 모습과 같다.

근성 없는 창의 없다

요즘 정부와 지방자치 단체들은 곤두박질치고 있는 청년 실업률 문제를 해결하고 혁신성장 정책의 엔진인 창업 열풍을 일으키기 위해 막대한 예산을 쏟아붓고 있다. 현재 정부의 창업 지원금은 시장에 넘친다.

자금만 지원해주는 게 아니라 시설·공간, 멘토링·컨설팅, 인건비 지원 등 지원 범위도 다양하다. 또한 창업자들에 지원하는 정부지원금은 대부분 갚지 않아도 되는 보조금에 속한다. 창업경진대회에서 선정되거나 창업사관학교 같은 정부의 창업 교육 프로그램을 이수하면 받을 수 있다.

이쯤 되면 요즈음 예비 창업자들 사이에 회자되는 "내 돈으로 창업하면 바보 소리 듣는다."라는 말이 수긍이 간다.

하지만 창업은 결코 쉬운 일이 아니다. 창업자의 의욕이나 정부의 지원만으로 성공할 수 있다면 지금 이 순간에도 왜 수많은 세계의 젊은이들이 작업장 한쪽 구석에서 눈물 젖은 빵을 씹고 있겠는가?

망해가던 남이섬을 관광명소로 키운 강우현 대표는 말한다. "내가 사업을 하는 마음은 창업을 하는 마음과 같다. 도전정신인 것이다. 배고픔인 것이다. 사업은 배부른 사람이 하기 힘들다. 배고프지 않으면 면벽광산(벽에 부딪쳐야 생각이 떠오른다.)과 같은 그런 힘이 나오지 않는다." 면벽광산이란 단어는 사전에는 나오지 않는다. 아마도 늘 어려운 일에 맞닥뜨리면서 해결했던 많은 인고 속에서 나온 그만의 고언일 것이다.

하버드 대학교의 하워드 스티븐슨 교수는 "창업가 정신이란 한정된 자원을 초월하여 기회를 추구하는 것이다."라고 말한다. 창업가는 태생적으로 필요한 자원이 부족할 수밖에 없지만 이러한 열악한 환경에서도 보다 더 많은 자원을 동원하기 위하여 새로운 기회 추구에 따른 위험을 감수해야 하는 것이다. 위험 감수의 원동력은 창업가가 가진 절박감이다.

스타트업 칼럼니스트인 제프리 제임스는 위대한 창업가들을 직접 만나본 결과 모든 위대한 창업가는 용감하다는 것을 발견했다. 용감해야 안정된 일을 포기할 수 있고 실패의 위험을 감수할 수 있으며 꿈을 현실로 만들 수 있다는 것이다. 창업은 창업자에게 엄청난 고통과 인내, 질릴 정도의 집요한 목표 추구를 요구한다.

'블록71(Plug-in@BLK71)'은 싱가포르 스타트업의 심장이자 동남아시아 스타트업 생태계의 성지라고 불리는 장소다. 관리를 맡고 있는 싱가포르 국립대학은 스타트업들을 2단계로 나누어 지원하고 있다.

투자자와 엑셀러레이터들에 의해 철저히 걸러진 아이디어 수준의 1단계 스타트업들은 책상 하나에 무료 인터넷과 사무기기, 회의실을 24시간 제공받는다. 그리고 6개월마다 한 번씩 스타트업 현황을 점검해 장기간 비워두거나 진전사항이 없을 경우 즉각 퇴출시킨다.

아이디어가 구체화되어 투자를 받거나 매출이 발생하면 2단계 지원을 받는다. 독립된 공간을 최장 2년간 저렴하게 임대해주는 것이다. 단순한 자금지원보다는 창업자의 자질 향상과 창업 아이템 업그레이드를 단계별로 철저히 검증하고 있다. 이를 통해 창업자에게 성공적인 창업을 위한 압박을 주는 것이 핵심이다. 한마디로 면벽광산을 유도하는 것이다.

세상에는 '없음'을 주어진 조건으로 받아들이고 용감하게 과업에 임했던 수많은 일론 머스크와 마윈, 그리고 정주영이 있다. 이들의 '없음'을 메운 것은 절박한 환경조건에도 불구하고 무언가를 이루어보려는 강력한 도전정신과 포기하지 않는 근성, 과업 실행에 필요한 모든 것에 대한 '고정관념의 창조적 파괴'였다. 이것은 창업자들이 간과하기 쉬운 알맹이들이다.

자, 이제 상상해보자. 대한민국 전역에 남녀노소를 불문하고 가진 것 없는 수많은 메이커들이 공구들과 온갖 부품들이 어지러이 흩어진 작업장에서 날 새는지 모르고 뭔가를 만들었다 뜯는 광경과 그런 분위기가 확산되어 대한민국 자체가 '끼워 맞추기 공작터'가 되는 모습을 말이다.

이는 우리가 그토록 고민하던 창업 진흥과 일자리 창출, 산업 혁신에 대한 접근 방식을 달리하게 해줄 것이다. 단순한 자금 지원보다는 곳곳에 메이커 스페이스를 세우고 그곳을 에디슨의 열차 실험실, 스티브 잡스의 차고로 만들 때 우리 산업의 새로운 대안이 될 것이다.

무엇보다 개인과 기업, 산업 나아가 사회 전반을 혁신하는 패러다임의 전환적 해법이 선행되어야 한다. 삶의 문제를 정확하게 읽고 기회를 포착하는 안목, 신기술과 새로운 방법을 적용하거나 고안해내는 창의성, 그리고 이러한 활동을 위한 의사결정을 두려워하지 않는 도전정신을 사회 전반에 확산시켜야 한다.

창조자란 경제활동을 하는 사람들 중 특히 창조적인 일에 종사하는 사람들이다. 《신창조 계급(Creative Class)》의 저자 리처드 플로리다는 이러한 창조적 일을 하는 사람들을 두 부류로 나눈다. 과학자나 엔지니어, 교수, 예술가, 연예인, 건축가 등 '순수 창조의 핵'이라 불리는 사람들과 관리직, 법률직, 회계직, 전문의 등 광범위한 지식집약형 산업에 종사하는 '창조적 전문가'로 나눈 것이다. 그러나 누구나 자신의 일에서 창조성을 발휘하여 경제적 이윤을 창출하고 있다면 그들 또한 창조자들이다.

따라서 빈손이든 빈손이 아니든 창조자를 정의하는 데 아무 필요가 없는 수식어일 뿐이다. 다만 세상을 뒤엎어버리는 '초토화 혁신'을 일으키는 데 필요한 절박함과 도전정신, 근성, 창의성이 빈손들에게 많다는 점에서 의미가 있다. "사람은 곤경에 부닥쳐 지혜를 짜내고 곤란으로 인해서 지혜를 이룬다(因困成智)."라는 조선시대 문장가 강희맹의 가르침을 기억하자.

미국은 노동인구의 30%가 넘는 구성원이 창조계급을 이루고 있다. 그리고 그들은 이미 가장 영향력 있는 사회계층으로 자리 잡았다. 어윈 제이콥스, 스티브 잡스, 빌 게이츠, 마크 저커버그, 래리 페이지, 세르게이 브린, 일론 머스크 등 수많은 혁신가들이 탄생했으며, 경직된 조직사회를 수평적 관계로 완화하여 사회 역동성을 한층 강화하고 있다.

혁신가들의 성공과정에서 보여준 그들의 문화적 포용성은 인종과 성별, 빈부의 차별을 없애고 다양한 분야의 창조성을 흡수하며 깊이를 더해가고 있다. 그들이 누구든 간에 자신의 가치관과 독자성이 주목받는 현상은 그들이 주도하는 일상의 변화들이다. 이들을 통해 알아야 할 것은, 창조는 어디까지나 목적이 아니라 수단이란 점이다.

창조는 자신의 삶을 풍요롭게 만드는 수단이다. 이는 창조에 임하는 마음자세와 관련이 있는데, 자신이 하고 있는 과업에 주인의식을 가지고 삶을 창조적으로 꾸릴 줄 아는 사람은 단지 돈과 명예, 성공만을 쫓지 않는다. 풍요로운 삶 그 자체를 추구한다. 이처럼 창조는 우리들 마음에 달려 있는 문제일 수 있다.

온갖 난관을 뚫고 얻어지는 성취를 통해 자아실현과 삶의 만족을 추구하고자 창조에 매달리는 사람들은 지난 역사에서도 드물지 않게 볼 수 있다.

아픈 아들이 침대에 누워서 물을 마실 수 있도록 구부러진 빨대를 개발한 어머니, 산모들이 마취제 특유의 냄새 때문에 힘들어하자 새로운 마취제인 클로로포름을 발견한 산부인과 의사 등 창조는 고통받는 타인에 대한 안타까움 등 이타심의 발로에서 시작되기도 한다.

무엇보다 창조를 하기 위해서는 그에 걸맞는 능력과 지식을 갖춰야 한다는 고정관념에서 벗어나야 한다. 그 분야의 전문지식이 없는 평범한 사람도 근사한 창조물을 만들 수 있다.

　아기를 키우던 평범한 주부는 분유를 타는 기계를 발명했고 78세 할머니는 설거지할 때 개수대에서 흐르는 물을 아끼기 위해 발로 조절하는 수도꼭지를 개발했다. 이들 외에도 이 책에서 언급한 수많은 빈손의 창조자들이 우리 주변에 있다. 그리고 당신도 충분한 가능성을 지닌 '빈손의 창조자'다.

참고문헌

들어가며

1. 강상중, 《고민하는 힘》, 사계절, 2009.
2. 강한수, 〈창조경영에 대한 오해와 진실〉, 삼성경제연구소, 2009. 11. 6.
3. 권업, 《스캣》, 한국경제신문사, 2012, pp. 96-97.

chapter1

1. 주영하, "'호루몬야키'와 '카오뤄'의 해체, 그리고 '한국음식'의 세계시
   민화", 신동아, 2008년 2월 25일.

chapter2

1. Baker, Ted and Reed E. Nelson, "Creating Something from
   Nothing: Resource Construction Through Entrepreneurial
   Bricolage," *Administrative Science Quarterly*, 50, 2005, pp.
   329-366.
2. SBS TV '순간포착 세상에 이런 일이' 699회 방송, 2012년 8월 1일.
3. 채반석, "가난한 농부를 위한 시골발명가의 IOT 닭장", BLOTER,
   2015년 8월 13일.

4. "英 대학생, 단돈 36만 원 장비로 지구사진 촬영", 연합뉴스, 2012년 9월 10일.

chapter4

1. Ball, Robert E., *The Fundamentals of Aircraft Combat Survivability Analysis and Design*, 2nd Edition(AIAA Education Series), 2003, p. 2, p. 445, p. 603.
2. 김주환, 《회복탄력성》, 위즈덤하우스, 2011.
3. Coutu, Diane L., "How Resilience Works," *Harvard Business Review*, May, 2002, pp. 46-55.
4. "이병철이야기: 세상에서 가장 달콤한 설탕⋯ 제일제당 설립", 뉴시스, 2013년 6월 9일.
5. Senyard, Julienne, Ted Baker, Paul Stephens, and Per Davidsson, "Bricoloage as a path to Innovation for Resource Constrained New Firms," *Academy of Management Annual Meeting Proceedings*, 2011.
6. Dickerson, Chad, "Fostering Creativity," *Infoworld*, September 2, 2009.

chapter5

1. Amabile, T. M., "Entrepreneurial Creativity through Motivational Strategy," *Journal of Creative Behavior, Volume 31, No. 1*, 1997, pp. 18-26.
2. Getzels, J. W. and P. W. Jackson, *Creativity and Intelli-*

gence: Exploration with Gifted Students, New York: Wiley, 1962.

3. Donald W. MacKinnon, *In Search of Human Effectiveness: Identifying and Developing Creativity*, New York: Creative Education Foundation, 1978.

4. Guilford, J. P., "Creativity Research: Past, Present and Future," in Scott G. Isaksen, ed., Frontiers of Creativity Research, *New York: Bearly Press*, 1987, p. 47.

5. 알란 로빈슨, 샘 스턴, 《기업의 창의력》, 지식공작소, 2001, p. 20.

6. 오프라 윈프리, 《내가 확실히 아는 것들》, 북하우스, 2014.

7. 오윤희, "행복의 5가지 조건, PERMA를 훈련하라", 조선일보 Weekly Biz, 2014년 10월 4일.

8. 공부의 왕도 제작팀, 《EBS 공부의 왕도》, 예담friend, 2010.

9. http://blog.naver.com/kmh8400/50003168120

10. 에드워드 드 보노, 《드 보노의 수평적 사고》, 한언출판사, 2005.

11. Leonard-Barton, Dorothy, "Wellsprings of Knowledge: Building and Sustaining the Sources of Innovation", *Boston: Harvard Business Press*, 1995.

12. Iansiti, Marco, "Real-World R&D: Jumping the Product Generation Gap," *Harvard Business Review*, 71(3), 1993, pp. 138-147.

13. Madhavan, Ravindranath and Rajiv Grover, "From Embedded Knowledge to Embodied Knowledge: New Product Development as Knowledge Management," *Journal of Mar-*

keting, 62(October), 1998, pp. 1-12.

14. 이태억, "4차 산업혁명 시대의 교육혁신 전략", IT조선, 2017년 6월 30일.

15. YTN, 2015년 12월 2일.

16. 한국공학한림원 포럼, 2017년 5월 30일.

17. 4차 산업혁명을 선도하는 대학혁신 포럼, 2017년 3월 2일.

18. 공종식, "작지만 강한 대학 〈18〉 올린 공대", 동아일보, 2006년 5월 29일.

19. 문병도, "공학한림원, 차기 정부 비전 제시", 서울경제신문, 2017년 3월 18일.

권업 (대구테크노파크 원장/ 계명대학교 경영학과 교수)

"열정 없는 창의 없다."고 강조하는 대한민국 최고의 혁신 마스터. 고려대학교 경제학과를 졸업하고 미국 조지아주립대학교에서 경영학 석사를, 앨라배마대학교 맨더슨 경영대학원에서 우수 박사 학위 논문상 (Outstanding Dissertation Award)을 받고 경영학 박사를 취득했다. ㈜GS 칼텍스, 산업연구원(KIET)에서 근무했고, 1992년부터 계명대학교 경영학과 교수로 재직하며 글로벌 경영 전략과 글로벌 마케팅 관련 과목을 가르쳤다.

현재는 학교를 휴직, 대구테크노파크 원장으로 재직하며 그간 쌓은 이론을 현장에서 실천하고 있다. 덕분에 수많은 기업가, 스타트업 CEO, 예비 창업가들을 만나 현장에 필요한 창의적 인재와 비즈니스 성공의 핵심을 간파하게 되었다. 특히 모든 분야가 융합되고 빠르게 변하는 산업 생태계에서 살아남는 데 가장 필요한 능력인 '창의적 유연성'과 '해내고야 마는 근성'을 어떻게 기를 수 있는지에 대한 모든 것을 이 책에 담았다.

2012년에는 중소기업의 연구·개발활동과 관련된 이론 발전에 기여한 공로로 지식경제부와 연구·개발특구진흥재단이 수여하는 기술사업화 대상을 수상했으며, 그밖에도 한국중소기업학회 제1회 학술상, 한국전략마케팅학회 향촌논문상, 한국산업경영학회 학술상, 한국소비문화학회 최우수 논문상, 매일경제신문사와 조현정 재단이 공동으로 수여하는 매경-비트 학술상 등을 수상했다. 저서로는 《스캣: 빠르게 판단하고 결정하라》가 있다.

없어서 창의적이다

2019년 7월 1일 초판 1쇄 발행

지은이·권업
펴낸이·김상현, 최세현 | 경영고문·박시형

책임편집·양수인, 조아라, 김형필 | 디자인·임동렬, 정아연 | 교정·박지혜
마케팅·권금숙, 김명래, 양봉호, 임지윤, 최의범, 조히라, 유미정
경영지원·김현우, 강신우 | 해외기획·우정민
펴낸곳·㈜쌤앤파커스 | 출판신고·2006년 9월 25일 제406-2006-000210호
주소·경기도 파주시 회동길 174 파주출판도시
전화·031-960-4800 | 팩스·031-960-4806 | 이메일·info@smpk.kr

ⓒ 권업(저작권자와 맺은 특약에 따라 검인을 생략합니다)
ISBN 978-89-6570-807-0 (03320)

쌤앤파커스(Sam&Parkers)는 독자 여러분의 책에 관한 아이디어와 원고 투고를 설레는 마음으로 기다리고 있습니다. 책으로 엮기를 원하는 아이디어가 있으신 분은 이메일 book@smpk.kr로 간단한 개요와 취지, 연락처 등을 보내주세요. 머뭇거리지 말고 문을 두드리세요. 길이 열립니다.